자존감을   찾는
21일 습관의 법칙

KB077338

자존감을 찾는 21일 습관의 법칙

초판 1쇄 2021년 09월 27일
지은이 임용근 | **펴낸이** 송영화 | **펴낸곳** 굿웰스북스 | **총괄** 임종익
등록 제 2020-000123호 | **주소** 서울시 마포구 양화로 133 서교타워 711호
전화 02) 322-7803 | **팩스** 02) 6007-1845 | **이메일** gwbooks@hanmail.net

© 임용근, 굿웰스북스 2021, *Printed in Korea*.

ISBN 979-11-91447-63-7 03190 | 값 **15,000원**

한 번뿐인 인생, 이렇게 살다가 끝낼 것인가?

임용근 지음

자존감을 찾는
21일 습관의 법칙

굿웰스북스

이 책은 마음과 몸을 다독이는 습관 워크북이다

누구에게도 위로받을 수 없을 것 같은, 혹은 위로받기 싫은 깊은 감정에 계신다면 책을 덮고 전문의를 찾기 바란다. 나는 정신과 의사도 심리학을 전공한 사람도 아니다. 그러나 20년 넘게 힘든 마음으로 살았으니, 진심 어린 글을 쓸 자격은 있다고 생각한다.

왜 그런지 몰랐지만, 침대에서 빠져나올 용기마저 없었다. 주말이면 밥 먹을 시간을 한참 지나서야 억지로 배달음식으로 끼니를 때우고는 뒷정리조차 제대로 하지 못했다. 방바닥을 굴러다니는 머리카락을 봐도 짜증은 나지만, 청소할 마음은 나지 않았다.

이 책은 일종의 '마음과 몸을 다독이는 습관 워크북'이다. 마치 매뉴얼처럼 제작된 이 책은 처음부터 읽지 않고, 4-1장에서부터 읽어나가도 무방하다. 책에서 여러 번 밝혔지만 나는 '우울, 무기력, 자기비하, 알코올 의존, 흡연, 욕설, 부정적 사고' 등 안 가진 게 없었다. 없는 건 바로 '나'였다. 나를 완전히 잃어버렸기 때문에 자존감과 자신감은 없었다.

삶의 중간중간마다 작은 성공의 기쁨이 있었지만, 그리 길지 못했다. 힘든 일이 있을 때면 매번 쓰기 싫은 돈을 펑펑 쓰고, 욕설이 늘고, 폭음하고, 주말이면 무기력에 빠지는 날이 계속 이어졌다. 10대 때부터 이어진 마음의 병들은 길고 긴 터널을 지나, 40대 초반의 지금에 와서야 해소될 수 있었다. 마음의 병이 아주 짧은 기간에 해소되었고, 그 과정에서 얻은 결과물이 '마음의 병 셀프 탈출 기법'이다.

나는 무엇인가 절실했던 순간 '습관'이라는 키워드를 만났다. 어떤 강한 생각에 이끌려 책까지 쓰게 되었다. 나와 같은 사람들을 돕고 싶다는 생각에 이끌려 출발했다. 마음의 병이라는 키워드로 출발하였지만, 보편적 삶의 법칙들을 함께 담을 수 있었다는 점에 감사한다. 그리고 독자 관점에서 습관의 체득 과정을 책에 담을 수 있었던 부분이, 개인적으로 가장 뿌듯한 부분이다.

나는 다른 사람이 되어버린 지금 행복하다. 운동에 대한 부분도, 행복에 대한 부분도 계속 체득해나갈 것이다. 재산이 늘어났거나, 세상에 업적을 세우지는 못했다. 그러나 내 마음에 평화가 오고, 인생의 법칙을 어느 정도 알게 된 것에 감사할 따름이다.

세상의 절반을 차지한다는 마음에 봄이 왔다.

목 차

5장 습관을 바꾸면 인생이 바뀐다

1 장

습관이
인생을
지배한다

습관은 어떻게 인생을 지배하는가?

나는 현재 누구보다 행복한 삶을 살고 있다. 내 인생을 180도 바꾸게 된 지혜를 담아 이 책을 썼다. 그러나 몇 개월 전까지만 해도 내 인생은 엉망이었다. 나는 20년 넘게 '마음의 늪'에 빠져 있었다. 청소년기부터 담배를 피웠으며, 청소년기부터 술을 마셨고 취하면 블랙아웃이 되었다. 나는 그런 상태에서 어떻게든 빠져나오고 싶었다. 그러나 발버둥 치면 더 깊은 늪으로 빠졌다.

이 책의 1장에는 나의 성장 과정이 곳곳에 나온다. 1장의 내용을 쓸 때, 마음이 담담하지 못할 때가 간혹 있었다. 이 책은 희망과 성공의 법칙을 이야기하고 있다. 그러나 이 책에는 어둡거나 부정적인 장면들도 포함되어 있다. 책의 어두운 내용은, 우리가 인생에서 어떤 길을 선택하고 있는지 힌트를 얻길 바라는 마음으로 썼다. 먼 과거의 이야기는 천천히 풀어나가겠다.

먼저, 내 인생을 지배했던 습관에 관해 이야기해보려 한다.

첫째, 인생을 살면서 쉽고 자극적인 것들만 선택했다. 대표적으로 술이 있다. 술과 관련하여 이야기해보겠다. "술은 아주 쉽다. 쉽게 살 수 있고, 마시기만 하면 된다. 심지어 배고플 때도 도움이 된다. 몸과 마음이 이완되면서 긴장도 풀린다. 가볍게 마시면 잠도 잘 온다."

당신은 위 사항에 몇 가지나 동의하였나? 나는 술 마시고 실수하는 내 모습이 싫으면서도 위 항목들에 모두 동의했던 것 같다. 현재도 가끔 술을 마시지만 나는 더 이상 술에 지배되지 않는다. 다음과 같이 생각해보면 좋겠다. "나는 술을 마시고 싶을 때만 마실 수 있나?" 술에 대해서는 4-7장에서 다시 다루겠다.

담배도 가장 나쁜 습관 중 하나다. 담배는 술보다 더 쉽다. 주머니에서 꺼내서 불만 붙이면 끝이다. 몸에서 냄새가 나고, 탈모에 영향이 있을 것 같아도 개의치 않는다. 나는 잇몸이 좋지 않다. 오랜 흡연의 영향일 것이다. 현재 나는 담배를 피우지 않지만, 담배 끊기가 힘들다는 것을 누구보다 잘 알고 있다. 2-3장에서 담배에 관한 이야기를 다시 하겠다.

또 다른 쉬운 선택으로는 유흥업소 출입이 있다. 젊은 시절 호기심에 몇 번 갈 수는 있다고 생각한다. 그러나 문제는 유흥업소 출입도 빠르게 중독된다. 유흥업소를 단번에 끊기 힘든 이유가 있다. 본인이 술에 취해 가자고 할 때도 있고, 직장동료가 가자고 할 때도 있다. 나는 유흥업소에 다니면서 즐겁기도 하였으나, 죄책감을 더 많이 느꼈다. 돈을 쓰면서 죄책감을 느끼다니 아이러니하다.

둘째, 나에 대한 고정관념을 운명이라고 믿었다. 몸에 밴 습관만큼 마음의 습관도 중요하다. "나는 운동을 못 한다."라고 생각하는 사람이 있을 것이다. 나는 당신의 생각에 절대 동의하지 않는다. 다음과 같은 물음에 답해보길 바란다.

습관적으로 타인과 나를 비교하지 않았는가?
운동 중에 어떤 운동을 못 한다는 말인가?
만약, 운동을 반복적으로 할 수만 있다면?
내가 어린 시절 좋아했던 운동 종목은 무엇인가?

또 다른 고정관념으로는 나는 '부정적인 생각'을 균형이라고 생각했다. 나는 긍정적으로 생각하기 힘든 어린 시절을 보내기도 했다. 그리고 여전히 비난이 아닌 비판은 사회를 건강하게 하는 요소라고 생각한다. 그러나 스스로에게는 좀 관대할 필요가 있었다. 자아비판을 넘어 자아 비난을 하는 날들이 계속되었다. 우리는 자신에 대해 비평가적인 입장을 줄이고, 행동가적인 모습을 늘려갈 필요가 있다.

아마도 어릴 적 영향은 부모님으로부터 많이 받았을 것이다. 우리 가족은 아버지의 부정적인 말 습관을 닮아갔다. 아버지의 말 습관은 가끔 저주에 가깝기도 했다. 자신감이 많이 떨어졌다. 무슨 일을 해도 제 기량이 나오지 않았다. 혹시 나와 비슷한 감정을 느낀 분이 있다면, 이제는 과거에서 탈출할 수 있다고 믿자. 이 책의 트레이닝 기법을 응용한다면, 당신은 평생 가져보지 못한 미소를 가지게 될 수도 있다.

나는 나의 취미에 관해서도 고정관념이 있었다. 나는 20년 넘게 영화보기가 취미였다. 네이버 SF영화 순위 100위에 있는 영화를 거의 다 보았다. 사실 대인관계가 어려워서 취미라고 선택한 것이 영화보기였을 수도 있다. 물론 영화 보기는 꽤 괜찮은 취미지만, 나는 취미를 내 고정관념에 묶어버리는 게 문제였다. 만약 20년 전 나를 고정관념으로 묶지 않고, 스킨스쿠버 같은 다이나믹한 취미를 선택했으면 어땠을까? 나는 나를 '집돌이'라고 규정해버렸다.

예를 들어, 저녁 식사 후에 드라마 한 편 보는 것이 습관이 되었다고 치자. 식사 후 산책을 할 수 있음에도 나는 드라마 보기를 선택한다. 내가 드라마를 좋아하는 사람이어야 운동을 선택하지 않는 데 대한 불편함이 없기 때문이다.

셋째, 나는 평생을 평범하게 살길 기도했다. '평범'이라는 것은 자기가 보는 세상에 쳐놓은 울타리 같은 것이다. 심리 코칭 분야에서 널리 사용되고 있는 NLP(신경 언어 프로그래밍의 약자─신경계의 작용 방식, 언어와 행동 모델 사이의 관계 연구) 기법에서는 이를 '세상모형'이라고 한다. 그러고 보니, 나는 내가 규정한 세상에서는 꽤 잘 살았다. 직업전문학교를 다니는 동안 학점은행제 4년제 학사학위를 받았다. 정규 대학을 졸업하지 않았지만, 초대졸자와는 연봉에서 차이가 났다. 나름 최선이라고 생각할 수 있는 만큼은 열심히 살았다. 중견기업에서 일할 기회도 많이 있었다. GS울산방송(GS홈쇼핑 자회사), CIMON(스마트팩토리 솔루션), 동연에스엔티(동국산업그룹 그룹사) 등의 회사이다. 그러나 거기까지가 한계였다. 나는 40대 초반에 정리해고를 당했다. 결과론적으로 나에게 잘된 일이다. 하지만 내가 가장이었다면 청천벽력과 같은 소식이었을 것이다. 나는 내가 상상하는 만큼만 커리어를 이루었다.

동네 부동산 소장님과 대화를 나눈 적이 있다. 내가 책을 쓰고 있다고 하니, 냉커피를 타줄 테니 잠깐 있다 가라고 하신다. 소장님은 앉자마자 도올 선생님 책 얘기를 하며, 아이처럼 마냥 즐거워했다. 책 좋아하는 비슷한 사람을 만났다는 것이다. "차라리 한 권 쓰시지 그래요?"라며 나도 말을 건넸다. 나이도 지긋하시고, 부동산 사무실을 하시니 재밌는 사연도 많을 것 같았다. 부동산 소장님이 칠색 팔색을 하며 손사래를 쳤다.

내가 듣기에도 어려운 책 이름을 줄줄 외면서도 쓰지는 못한다는 것이다.

아이들과 꿈에 관해 이야기할 때 어른들이 신경 써야 할 부분이 있다. 가수 타블로의 성장기 일화를 예로 든다. 어린 시절 타블로는 부모님에게 가수가 되겠다는 의사를 밝혔다. 타블로의 부모님은 그 꿈을 당연히 반대했을까? 타블로의 부모님은 타블로의 꿈에 대해 조건부 허락을 했다고 한다.

"스탠퍼드대학에 입학하면 음악에 대한 꿈을 허락하겠다."

타블로는 결국 스탠퍼드대학 석사를 A+로 졸업했다. 타블로의 부모님은 타블로의 꿈을 허황된 꿈이라며 무시하지 않았다. 타블로의 도전에 내포된 에너지를 꺾지 않고, 에너지의 방향을 좋은 쪽으로 유도했다. 결과적으로 타블로는 '스탠퍼드 졸업과 가수의 꿈'을 둘 다 이루었다.

습관은 인생 전반에 걸쳐 있다. 우리의 사소한 말버릇, 마음 버릇이 큰 태풍이 되어 돌아온다는 것을 알아야 한다. 사람들은 대개 잘못 선택한 것을 그냥 내버려두는 습관까지 있다. 이 악물고 등을 돌리지 않으면, 결국 또 쉽고 자극적인 것에 끌리게 되어 있다.

내 인생은 끝도 없는 터널에 갇혀 있었다. 어느 날 간절한 마음에 자석같이 끌려서 책을 다시 읽기 시작했다. '자존감, 긍정, 자세, 습관, 불안, 회복탄력성, 실행' 등 연관 키워드로 나오는 책들을 읽으며 실천했다. 좋은 습관을 만들고 붙이고 나쁜 습관을 버렸다. 작은 한계들을 넘어가는 과정이 이어졌다. 어느 날 특별한 체험이 며칠 이어졌고, 새 인생을 살게 된 계기를 자유롭게 쓰기 시작했다. 그게 이 책의 시작이다.

나의 말, 습관, 행동 등을 바꾸며 깨달은 점을 이 책에 녹였다. 만약 습관 만들기에 있어 가장 중요한 것을 꼽으라면 나는 이렇게 대답하겠다.

"책은 분명히 도움이 된다. 그러나 반드시 자기만의 스타일로 습관을 체득해야 한다. 좋은 습관은 그리 많지 않아도 된다. 핵심 습관은 다른 좋은 습관들을 끌어들인다."

어른에게는 습관 공부가 필요하다

한 가지만, 우리의 좋지 않은 습관에 대해 생각해보자. 나는 흔히 '생활 습관병'이라고 불리는 질병에서 힌트를 찾아보기로 하였다. 마음 아프게도 우리 부모님들에게 흔한 질병이다. 그중에서도 고혈압, 당뇨는 '생활 습관병' 중 왕이다. 고혈압과 당뇨는 화병이라고도 불린다. 화를 자주 내는 사람을 보면 자신만의 세계에 빠져 사는 사람이 많다. 어떤 사람이 화를 낼 때의 장면을 따라가 보자.

"김 부장님이 오늘도 화를 낸다. 김 부장은 화를 내면 매출이 올라간다고 생각하는 걸까? 심지어 작년 대비 매출이 떨어지지도 않았다. 이 시기에 도대체 왜 저러는지 알 수가 없다. 그러나 나는 대항하면 안 된다.

일자리를 지켜야 한다. 대항할 사람이 없으니 김 부장 말 속에 비속어도 점점 늘어나고, 이제는 조롱까지 하는 것 같다."

아주 간단한 사례를 들었다. 당연히 회사는 이윤을 내기 위한 집단이고, 김부장은 비판자의 입장에 있을 수 있다. 그러나 견제할 사람이 없거나, 매출 나온다는 이유로 인사권자가 그의 잘못된 행동을 모른 척 해버리면 부서 직원들이 우울증에 걸리기도 한다. 안타깝게도 아주 흔한 일이다.

내 어린 시절을 잠깐 보여줄까 한다. 나는 유치원 시절의 아름다운 기억들도 아직 가지고 있다. 하지만 지금 이야기할 기억은 전후 사정이 기억나지 않는다. 괴로운 기억이라 뇌가 기억을 편집한 것 같기도 하다. 8~10세 중에 있었던 일이다. 맞아서 그렇게 된 것인지, 도망가다 그렇게 된 것인지 기억이 나질 않는다. 아무튼 아버지의 폭력을 피하려다가 어린 시절 기절한 적이 있다.

나의 아버지는 지금은 온화하시다. 하지만 아버지가 젊은 시절에는 그렇지 못했다. 이 파트의 글을 쓰기 전 누나에게 전화했다. 기절한 기억이 있는데, 전후 사정이 기억나지 않아서 누나에게 물어봤으나 누나도 모른다고 하였다. 괜히 누나에게 미안하다. 누나의 아픈 기억마저 소환하는 것은 아닌지 모르겠다.

어린 시절 나에게 트라우마로 남을만한 일을 꺼내는 데는 이유가 있다. 이제 이런 일은 털어버리고 싶었다. 용서와 화합으로 가고 싶었다. '왜'가 아니라 '어떻게'로 바꾸고 싶었다. 초점을 과거에서 미래로 맞추고 싶다. 이 책에서 계속해서 말하게 될 내용이다.

〈아버지에게 보내는 편지〉
"아버지, 막내아들이에요. 저는 아버지를 미워하지 않아요. 심리치료 센터에서 상담을 받았는데, 제가 이미 부모님에 대한 감정을 좋은 쪽으로 승화시켰다고 선생님이 말해주셨어요. 나의 어린 시절을 생각하면 마음이 아프긴 하지만, 부모님 인생이 더 힘들었을 것 같아요. 아버지의 불안이나 화는 돌아가신 할머니에게서 왔겠죠?

할머니에게 무슨 일이 있었는지는 모르겠지만, 아마도 전쟁을 겪으신 세대라서 그러실 거예요. 얼마 전에 제가 아버지에게 화를 낸 건, 아버지가 누나를 대하는 모습 때문이었어요. 누나가 의견을 말했는데, 그냥 넘겨도 될 말을 매형 편을 드셨어요.

아버지, 이제 자식들에게는 믿음과 사랑만 주셔도 돼요. 아버지도 이제 불안하거나 화내는 일 없이 즐겁게 사시면 돼요. 얼마 못 산다고 자꾸 그러면, 진짜 그렇게 돼요. 요즘 마인드 코칭을 배우고 있는데요. 말하면 진짜 그렇게 된대요. 120살까지 산다고 믿으세요. 진짜예요."

젊은 시절 아버지가 자신의 화내는 습관에 대해 생각해보셨으면 어땠을까? 아버지는 배움의 기회가 없었을 뿐이다. 폭력의 그늘에 잊혀서 그렇지 우리 집에는 추억도 많다. 나는 태어날 때 작은 마당이 있는 집에서 태어났다. 부모님이 열심히 일하셨기 때문에 내가 태어날 때쯤에는 이미 우리는 집이 있었다. 화단에 빨간 장미꽃이 피었으며, 청색 포도나무를 키울 만큼 화단이 컸다. 아버지가 해외용접공으로 다니셨기 때문에, 2010년쯤 유행했던 DSLR 카메라가 우리 집에는 1990년도에 이미 있었다. 그 덕에 꼬꼬마 시절 사진이 넘쳐난다.

어른에게는 습관 공부가 필요하다. 내 경험으로는 습관을 만들기 위해서는 행동으로 옮길 수 있는 힘이 필요하다. 행동의 저해요소로는 마음의 습관이 제일 큰 비중을 차지할 것이다. 나의 경우는 습관을 고치기 위해서 마상('마음의 상처'의 줄임말)에 대한 위로가 선행되어야 했다.

그 경계를 무 자르듯 딱 자를 순 없겠지만, 경미한 마음의 병은 독서치유나 운동으로 가능하다고 생각된다. 그러나 직장생활이나 가정생활이 힘들 때 다시 마음의 병이 똑같이 반복된다면, 전문가를 찾기를 권장한다. 내가 20년 넘게 혼자 마음의 병으로 아파봐서 드리는 말이다. 다만 한가지 주의사항이 있다. 어디를 가서도 처음부터 큰 기대를 하면 안 된다.

등산에 비유하자면 이렇다. 가벼운 등산을 해보지 않은 사람은 없을 것이다. 이른 아침에 쉬엄쉬엄 올라가 점심쯤 내려올 수 있는 등산을 말한다. 그보다 3~4시간 더하는 등산은 초보자가 하기가 어렵다. 그래서 등산을 할 때 초보자 옆에 등산 마스터가 붙는다. 일단 혼자 갈 수 있는 만큼 가게 둔다. '못가겠어요.'라는 말이 반복되면, 등산 마스터가 밀어서 올려준다며 '발만 떼라.'라고 말한다. 초보자의 등을 살짝 미는 시늉만 해도 힘이 나는 것 같다. 헬스장에서 PT를 받아도 원리는 같다. 서포트는 받지만 결국 자신이 해낸다는 걸 잊지 말아야 한다. 결국 자신의 마음속에서 벌어지는 일이다.

독서를 통해서 마음을 튼튼하게 만들어볼 사람이 있다면 주의할 점이 있다. 지나친 위로나 치유의 관점으로만 독서가 쏠리는 것은 경계하길 바란다. 예를 들면 온라인 서점에서 마음의 상처와 관련된 서적을 한 권 살 때를 생각해보면, '이 책을 구매하신 분들이 함께 산 책' 알고리즘으로 비슷한 마음의 상처에 관련된 책들이 추천된다. 유튜브의 추천 알고리즘을 생각해봐도 좋다. 우울을 검색하는 순간 나는 이미 우울증 환자가 된 듯한 기분이 든다.

오히라 노부타카가 지은『하루 50초 셀프토크 : 아들러 심리학의 행복 실천법』에서는 마음에 접근하는 다양한 관점에 대한 힌트를 얻을 수 있다.

"아들러 심리학은 왜 지금도 우리에게 많은 영향을 끼치고 있는 것일까? 그 이유는, '원인론=왜 안 되는 것일까? 어디가 문제일까?'가 아니라, '목적론=어떻게 하면 지금보다 좀 더 잘할 수 있을까?'를 생각하고 실행하는 심리학이기 때문이다. (중략) 원인에 중점을 두면 '과거는 바뀌지 않으니까 손을 쓸 방법이 없어.'라는 결론을 내리기 쉽다. 그보다는 '무엇 때문에 일이 제대로 풀리지 않는 것일까?', '어떻게 하면 잘 할 수 있을까?'를 생각하는 쪽이 행복에 더 쉽게 다가갈 수 있는 방법이다."

위로나 치유에 관련된 서적은 심신이 조금 괜찮은 상태라고 느낄 때, 마치 교양서적 보듯이 다른 책들과 섞어서 읽는 방법을 추천한다. 내가 꼭 책의 주인공이 될 필요는 없다. 덤덤한 상태로 읽는다.

이번 장은 좋지 못한 생활습관인 화내는 습관에 관한 이야기로 시작하였다. 왜 나는 우울한 마음의 습관과 화병(火病)을 함께 생각했을까? 〈헬스조선〉 2010년 12월 8일 "한국인, 우울증 걸리면 화내고 분노해"라는 기사의 내용에서 우울증과 화의 연관성에 대한 내용을 참고하자.

"동양이든 서양이든 소아 우울증 환자는 '우울'보다 '짜증과 화를 내는 것'이 주 증상이다. 정서적으로 미성숙한 아동은 자신의 정신적 문제를 짜증 내는 것으로밖에 표현하지 못하기 때문이다. 한국인 우울증 환자가 분노와 짜증으로 우울증을 표현하는 것도 한국 사회가 정서적으로 미성

숙되어 있기 때문이라는 것이 전문의들의 설명이다. 우울증과 관련된 우리나라 고유 질병인 '화병(火病)'을 미국정신과협회에서 '문화결함증후군'의 일종으로 분류하는 것도 이런 맥락이다."

이처럼 우리는 마음을 돌보고 싶다는 생각이 들 때, 우리의 생활습관과 마음을 연관지어 생각해볼 필요가 있다. 개인적으로 우울한 마음의 상태는 마음이 조금 오염되어 있는 상태라고 생각한다. 과거에 있었던 일은 어떻게 할 수가 없다. 엎어져버린 유조선을 어쩌겠는가? 엎어진 배를 세우기는 힘들겠지만, 새어 나온 기름을 닦아낼 수는 있다.

오염된 마음을 고치기는 힘들겠지만, '오염된 마음에서 벗어난다.' 혹은 '오염된 마음을 조금씩 닦아낸다.'라고 생각하면 좀 마음이 좀 편하지 않는가?

유튜브 〈법륜스님의 즉문즉설〉 제634회 "화내는 습관이 수행을 해도 잘 없어지지 않습니다." 편에서 화내는 습관에 관한 질문에 법륜스님은 다음과 같이 답하고 있다.

"질문하신 분은 어릴 때부터 지금까지, 그것도 아버지로부터 대를 물려받아 화내는 연습을 40년간 계속해왔습니다. 화내는 습관이 거의 태생적으로 몸에 배어 있는 상황에서, 이제 막 그 사실을 깨달았다고 뿌리 깊은 업식이 단번에 없어지기를 바란다면 그건 욕심입니다. (중략) 경마권이나 복권을 사서 일확천금으로 부자가 되려는 사람과 똑같은 욕심입니다."

03

풀리지 않는 인생이 반복되는 이유

몇 년 전 가족의 빚을 안고 허덕이고 있을 때였다. 친구가 내게 말을 했다. "너는 인생에 굴곡이 많구나." 내가 생각해도 롤러코스터 같았다. 대기업 계열사에 잘 다니다가 갑자기 신용불량자라니 말이다. 사실 신용불량자가 되어도 특별한 일이 일어나지는 않는다. 단지 금전적으로 조금 불편할 뿐이다. 그러나 그것을 부정적이고 고통스럽게 받아들이기 시작하면, 긴 시간 동안 인생의 큰 벽처럼 느껴질 수도 있다. 지나고 나니 그럴 필요 없었다는 생각이 든다. 마음을 끙끙거리며 아파한다고 달라지는 것은 없었다. 나의 과거는 불안이 반복되는 삶이었다. 나의 불안이 어디서 오는지 아픈 과거를 따라가보자.

엄마와 삼 남매가 아버지의 폭력에 노출된 게 몇 년 정도 이어졌는지 모르겠다. 아무튼 정확한 건 제일 큰 피해자가 형이었다는 사실이다. 나는 어렸을 때 아버지에게 맞고 기절해서 그런지 손으로 맞은 적은 그리 많지 않았다. 누나는 여자라서 손으로 맞은 적이 적은 것으로 알고 있다. 형은 아마도 손으로 많이 맞았을 것이다. 자식 1호이기도 했고, 그냥 어찌할 줄 몰라서 그랬을 수도 있다. 집에 쇠사슬이 있었는데 형은 집 대문에 쇠사슬로 묶인 적이 있었다는 전설이 내려오고 있는데 믿거나 말거나.

폭력은 또 다른 폭력을 끌어당긴다. 형과 나는 다섯 살 터울이다. 형은 스트레스를 풀 때가 없었는지 나를 많이 때렸다. 폭력은 빠르게 전이된다. 어린 나이에 맞는 게 힘들었다. 도망가면 되는데, 왜 도망가지 않고 맞고 있었을까? 아마도 때리는 사람이나 맞는 사람이나 학습된 것 같다. 형은 이미 중학생인데, 초등학생과 중학생은 발육이 다르다. 그리고 성격도 다르다. 나는 섬세해서 접촉하는 걸 그리 좋아하지 않는다. 형은 같이 노는 걸 좋아한다. 레슬링은 형만 재미있었지 나는 괴로웠다.

하지만 형과 재밌는 에피소드도 많다. 형은 어렸을 적부터 운동을 잘했다. 특히 수영을 잘했다. 나를 업고 수영을 할 수 있는 정도였다. 우리는 해수욕장 근처에 살았다. 형은 어린 나이에 작은 바위섬을 오고 갈 정도로 수영을 잘했다. 네이버 지도를 확인해보니 왕복 2km 거리에 가깝다. 수영을 배워서 한 것이 아니다. 어린 나이에 간도 크고 대단했다.

형은 통뼈에다가 타고난 힘이 좋다. 씨름, 유도, 레슬링 등과 같은 종목의 운동을 했다면 대성했을 것이다. 형은 어린 시절 골목대장이었다. 그 덕을 나도 봤다. 초등학교 2학년 때 덩치 큰 녀석이 나를 괴롭혔다. 씨름장에서 괴롭힘을 당하고 하교 시간이 늦어졌다. 형이 하굣길에 나를 기다리고 있었다. 나를 마중 나온 것이다. 형이 덩치 큰 녀석에게 몇 마디 했는데, 그 녀석은 그 후로부터 나를 대하는 게 달라졌다. 형에게도 편지를 써본다.

〈형에게 보내는 편지〉

"형, 요즘 서로 바빠서 못 본 지 꽤 되었네. 얼마 전에 누나랑 한잔했다는 이야기 들었어. 군대 가기 전에 형의 오토바이센터에서 일 도와주던 게 기억나네. 그때 잘 풀렸으면 '형제오토바이'로 간판 바꿨겠지. 생각만 해도 즐겁다. 형이 아버지의 방어막이 안 되어줬다면 누나와 나는 어떻게 됐을까? 그냥 생각도 하기 싫다. 형, 나는 하루하루 도전을 즐기며 살고 있어. 걱정과 불안 따위는 날려버리기로 했거든. 우리 이제 현재와 미래만 생각하고 재밌게 살자."

나에게 몇 년 전 좌절 사이클 속으로 돌아갈 기회가 있다면, 나는 다음과 같이 할 것이다.

첫째, 과거 나의 발자취에서 작은 극복의 흔적들을 찾는다. 나는 내가 극복해낸 과정들을 인지하지 못했다. 내가 해낸 일들의 가치를 낮게 두었다. 내 안의 넘치는 에너지를 제대로 쓰지 못했다. 그래서 작은 고비만 와도 지레 겁먹었다. 목표만 보고 달릴 수 있는 사람이 되려면, 자신의 지난 일들을 긍정적으로 볼 수 있는 힘이 있어야 한다. 좋은 친구가 내게 해줄 만한 말을 스스로 할 필요가 있다.

"난 상상도 할 수 없는걸. 너 예전에도 어려움을 잘 이겨냈잖아. 네가 자랑스럽다."

대기업 계열사를 다니다가 '신불자'가 되었다. 그럴 필요 없었지만 방황하기도 하고, 실의에 빠지기도 했다. 30대 중반에 고시원에서 다시 시작했다. 포기하지 않고 중견기업에 재취업하였다. 월셋집과 전셋집을 거치며 작은 집도 마련하게 되었다. 어떤 사람이든 작은 고난을 헤쳐나간 스토리가 있다.

둘째, 마음의 병을 인지하고 병원을 찾거나 심리치료센터를 찾는다. 나의 불안을 이해하는 데, 정신건강의학과 전문의 하주원의 저서 『불안한 마음을 잠재우는 법』이 많은 도움이 되었다. 책의 일부 내용을 같이 보자.

"불안에서 벗어날 수 있는 선택권을 갖고 있는지 없는지를 일단 체크

해봐야 한다는 것입니다. 우리가 할 수 있는 일이라는 것이 치료를 받거나, 남에게 거절을 하는 것처럼 힘들고 꺼려지는 일일 수도 있습니다. 불안할 이유를 일부러 만드는 사람은 없습니다. 누가 고통스럽기를 바라겠습니까. 어쩌다 보니 그렇게 된 것입니다. (중략) 내 의지대로 바꿀 수 있는 부분을 발견한다면 당장 그렇게 해야 합니다."

셋째, 대응책이 있다면 빨리 대응을 하고, 일상으로 돌아가려고 노력한다. 신용불량자의 경우 해결책은 간단하다. 돈을 갚을 수 있으면 빨리 갚고, 당장 갚을 수 없으면 신용회복위원회에 가거나 개인워크아웃을 알아본다. 겪어보면 별일 아니다. 나는 가족의 빚을 안느라 두 번이나 신용불량자가 되었다. 뉴스기사를 보면 가끔 어린 친구들이 돈 몇백만 원에 잘못된 선택을 하기도 한다. 대응하지 않으면, 공포만 계속 키우게 된다.

넷째, 실행하는 데 집중한다. 그러나 나는 실행하지 못하는 이유를 누구보다 잘 아는 사람이기도 하다. 2-4장에서 행동력을 가로막는 것들에 대해 별도로 다룰 것이다. 나에게 외부적 사건이 많이 있었던 것은 사실이다. 다행히도 회복 불가능할 정도로 나락으로 가진 않았다. 즉 힘든 일이 있을 때마다 오래 걸렸지만, '두 발로 다시 일어섰다.'는 이야기다. 인생이 완전히 망가지지 않은 점에 대해 신께 감사드린다. 나는 행운이 가득한 사람인 듯하다.

마상('마음의 상처'의 줄임말)의 부작용에는 어떤 것들이 있을까? 나의 경우는 삶의 모든 포커스가 안정에만 맞추어졌다. 안정에만 치중하는 삶은 후에 내 삶에 다른 문제들을 불러왔다. 작은 일도 결정하지 못하고, 행동으로 옮기지 못하는 수동적인 삶이 되었다. 무기력에 빠지는 일로 이어졌다. 활력 있는 삶을 찾기 위해서는 어떤 것이 필요할까? 개인적 경험으로는 일상에서 작은 용기를 내는 것이 활력 있는 삶을 찾는 첫걸음이다.

용기와 자신감을 위해 번지점프에 도전할 필요는 없다. 아주 사소한 것들에 도전하면 충분하다. '멜 로빈스'의 저서 『5초의 법칙』의 아이디어를 차용했다. "아주 사소한 일들이 정말 어렵다고 생각한 적이 있는가?"

정원초과 될 듯 말 듯한 엘리베이터 타기
슈퍼에 택배 받아줄 수 있는지 물어보기
식당에서 맛있는 반찬 더 달라고 해보기
호감이 가는 사람에게 말 걸기
헬스장에서 자주 마주치는 사람에게 먼저 인사하기
공유 전동킥보드 타기
오락실 노래방 가기
집에서 나가기

나는 40대 초반의 나이이다. 나에게 킥보드 타기와 오락실 노래방 가기는 꽤 힘들었다. 결과는 예상했던 대로이다. 아무도 나에게 신경 쓰지 않는다. 하고 싶은 걸 하면 된다. 이 책에서 '트레이닝'이라고 되어 있는 부분들은 직접 실행에 옮겨야 알 수가 있다.

실행 이야기가 나오면 계속해서 강조할 것이다. 이것저것 해보고 본인 스타일로 만들어야 한다. 다른 말로 체득이라고 한다.

평범함을 꿈꾸면 평범 이하로 살게 된다

당신은 직업을 어떻게 선택하게 되었나? 나는 현재 작가, 유튜버, 코치로 활동하고 있다. 직장인 시절에는 IT 업계와 스마트팩토리 업계에 몸 담았다. 중학교 시절 전산학원에 다녔다. 호기심이 많은 내 성격과 잘 맞았다. 1990년대 중후반 시절 당시만 해도 컴퓨터는 소형 중고차 한 대 값이었다. 컴퓨터를 신문광고 보고 사는 시대였다. 아버지는 배포가 크신 분이다. 아버지가 컴퓨터를 사주셨다. 군 제대 이후 프로그래밍을 학원에서 배우고, 직업전문학교에서 프로그래밍을 전공했다. 졸업 후 10년 넘게 전산 기술로 밥벌이를 했다.

독자분의 직업선택 경로를 필름처럼 펼쳐보자. 순항 중인가? 아니면 항로를 수정하며 여행 중인가? 내 첫 직업선택은 꽤 괜찮았다. 취미와 직업이 잘 연결된 케이스였다. 주어진 상황에서 꽤 괜찮은 선택들을 했던 것 같다. 그러나 나의 진로 선택에 있어 2가지 빠져 있는 게 있다. 바로 '비범함'과 '도전'이다. 나는 제대로 꿈꾸는 법을 몰랐다. 빌게이츠와 안철수 씨를 꿈꿔야 하는데, 전산 기술로 먹고사는 것만이 꿈이었다. 딱 꿈꾼 만큼만 살게 되었다.

먼저 비범함에 대해 살펴볼까 한다. 전산 기술로 그냥 먹고 사는 것이 꿈인 사람과, 빌 게이츠가 꿈인 사람은 경로가 다르다. 전산 개발자는 일상이 야근이다. 야근에는 복잡한 사회 문제들도 포함되어 있다. 여기서는 개인의 시선만 다룬다.

먼저 먹고 사는 게 꿈인 사람의 일상부터 보자.

"오늘도 늦게 퇴근이다. 프로그램 내용을 또 뒤집는단다. 개발 언어 플랫폼까지 바꾸겠다니 무슨 생각인지 모르겠다."

밤늦은 퇴근길에 있는 김과장의 생각이다. 전산 밥 드셔본 분은 이해하실 듯하다. 프로그램을 뒤집는다는 것은 설계가 잘못되었다는 말이다. 혹은 고객이 억지를 부리는 것일 수도 있다. 프로그램의 개발 플랫폼이 바뀐다는 것은 컨버전을 뜻한다. 변경 전/후 2가지 컴퓨터 언어에 능통한 사람이 아니면 굉장히 고생한다. 물론 고생 후에 개발자의 몸에 프로그래밍 언어가 체득되는 환희를 누리기도 한다.

빌 게이츠나 안철수 씨처럼 되는 것이 꿈인 사람의 생각을 보자.

"오늘도 야근으로 힘들지만, 내 회사를 경영하기 위한 과정이다. 프로그램이 뒤집혔다. 역시 설계가 중요하다. 개발 언어 플랫폼이 변경된다고 한다. 새로 나온 플랫폼에 탑재된다고 한다. 운동으로 체력을 키워야겠다. 생소함을 설렘으로 바꿔야겠다."

위와 같이 꿈의 명확성에 따라 생각하는 방식 자체가 다르다. 생각은 행동과 말까지 바꾼다는 것을 잊지 말자.

평범함은 도전하는 삶과도 거리가 멀다. 혹시 '도전'이라는 단어에 거부감이 있다면, 지금부터는 '도전'이라는 단어를 친숙하게 받아들이자. '30분 걷기 도전', '면 음식 일주일에 한 번만 먹기 도전', '커피 줄이기 도전', '아침에 이불 개기 도전'과 같이 친숙하고 하고 싶은 것들로 도전이라는 단어를 채워보자. 사소한 것부터 바꿔보는 습관이 중요하다.

나는 현재 작가, 유튜버, 코치로 활동하고 있다. 월급이라는 것을 처음 받고 사회인이 된 지 약 14년쯤 되었다. 그동안 정규직으로 직장에서 11

년 이상 일하였고, 삶의 마디마디마다 방황하느라 3년쯤 보낸 것 같다. 나의 방황 시절마다 많은 직업에 대한 도전이 있었다. 참치횟집 직원, 조선소 일용직, 당구장 운영, 보험영업, 중국 프리랜서 개발자, 공무원 공부 도전 등이다. 당시는 에너지가 너무 좋지 못했다. 무엇을 해도 무너질 시기였다.

도전 자체는 좋았지만, 회피성 도전이었다. 도전하고 좌절하기를 반복했다. 지금 돌이켜보면 삶의 목표는 잃었지만, 그래도 희망은 버리지 않았던 시기인 듯하다. 잦은 환경 변화로 작은 실패감도 맛보았지만, 더불어 뭐든 할 수 있다는 용기도 함께 얻었다. 그리고 사회생활에 대한 분별력도 늘었다. 30대 중반부터 다시 힘을 냈고, 고시원부터 다시 시작했다.

나는 도전을 위해 여러 곳에서 살았다. 서울, 대전, 창원, 부산, 울산, 중국까지 꿈을 쫓아다녔다. 이제 막 사회생활을 시작한 청년들의 가장 큰 고민이 무엇일까? 아마도 주거에 관한 문제일 것이다. 현재 꿈을 향하여, 항해하는 청년들에게 주거에 대한 팁을 드릴까 한다.

직장생활에 확신이 들 때까지는 월셋집이나 전셋집을 찾지 말고, 차라리 초반 몇 개월은 고시원에서 지내는 것을 권장한다. 보통 임대인들이 월셋집 계약은 2년으로 하려고 한다. 2년을 채우지 못하고 이사할 경우 다음 세입자가 구해지기 전까지, 울며 겨자 먹기로 월세를 내야 한다. 안정감을 우선하여 월셋집이나 전셋집을 얻게 되면, 가재도구나 크고 작은 가구들을 다시 사게 된다. 중·장기 계획을 단단하게 세우지 않은 상태에서는 그것들이 언제 다시 쓰레기가 될지 모른다.

에너지를 당신의 꿈으로 맞추자. 빈곤이 아닌 심플 라이프로 관점을 바꿔라. 가지지 않는다는 것은, 언제나 가질 수 있다는 말과 같다. 외롭다고만 생각하지 말자. 외로움의 반대말은 홀가분함이다. 혹시나 지금 가진 것이 없다고 생각돼도 기죽을 필요 없다. 당신은 세상 누구와도 비교 불가한 소중한 가치를 지닌 존재이다.

드라마 〈야인시대〉의 신마적 역할로 유명한 배우 최철호를 기억할 것이다. 나무위키에 따르면 과거 여배우 폭행 사건에 따른 구설수와 사업 실패로, 빚더미에 앉은 후 집을 팔게 되었고 택배 상하차 일을 하게 되었다고 한다. 배우 최철호가 택배 상하차 일을 하는 모습은 TV조선의 다큐멘터리 〈마이웨이〉에 소개되기도 했는데, 다큐 촬영 도중 부친상을 당하기도 하였다.

내가 그의 이야기를 거론한 것은 '희망을 버리지 않는 그의 용기와 도전' 때문이다. 전 국민이 알아볼 정도로 알려진 사람으로서 택배 상하차 일을 선택한다는 것은, 그에게 정말 끔찍한 일이었을지도 모른다.

하워드 S. 프리드먼, 레슬리 R. 마틴의 저서 『나는 몇 살까지 살까?』에서는 잘못된 선택을 하는 사람들에 대해 다음과 같이 설명하고 있다.

"자살한 남성들은 자기 인생에서 어떤 중요한 것이 빠졌다고 생각했다. (중략) 게다가 불안정한 삶과 성과에 대한 실망감(열망한 것과 실제로 이룬 것 사이의 불일치)이 그들의 마음을 아주 무겁게 짓누르면서 '만사가 글러 먹었다'고 생각하게 됐다. 이런 생각은 우리가 연구한 파국론적 생각과 무척 비슷한데, 결국 파국론적인 생각은 비명횡사로 요절하는 것과 아주 많이 연관돼 있었다."

『나는 몇 살까지 살까?』라는 책의 부제는 '1,500명의 인생을 80년간 추적한 사상 초유의 수명연구 프로젝트'이다. 1986년, 75세 정도가 된 터먼 연구 참가자들은 "다시 태어난다면 어떤 인생을 선택할 것인가?"라는 설문지에 답을 했다고 한다. 취합된 설문지의 내용은 다음과 같다.

〈후회하는 일의 예〉

– 너무 일찍 결혼한 것, 담배와 술을 너무 많이 한 것, 직장생활에 너무 얽매어 있었던 것 등 하지 못한 일 때문에 후회하는 경우

– 대학을 졸업하지 않은 것, 학창시절에 열심히 공부하지 않은 것, 직업적인 목표를 충분히 높게 잡지 않은 것, 사회적 관계를 별로 중요하게 생각하지 않은 것

"그리고 이미 했던 일에 대한 후회에 비해 하지 않아서 후회하는 것(즉

기회를 잃어버린 것)이 후회의 강도가 훨씬 더 세다는 사실이 드러났다. 참가자들은 직장생활을 아주 열심히 했는지 돌이켜보기보다는 더 즐겁게 일할 수 있었던 다른 직업이 있지는 않았는지에 대해 생각했다."

우리는 위에서 어떤 내용을 배울 수 있을까? 결혼이나 대학교육에 대한 가치관은 너무 빨리 변하고 있으니 논외로 하더라도 말이다. 2가지는 확실한 것 같다. 하지 않으면 더 후회한다는 것과, 직업적 목표를 조금 높게 잡고 즐겁게 일할 수 있는 일을 찾는 것이다.

첫째, 여기서 하지 않으면 후회한다는 것은, 사지 않으면 후회한다는 말이 아니다. 도전하지 않으면 후회한다는 말이다. 소중한 것은 쉽게 얻어지지 않는 것이고, 건강같이 소중한 것을 얻기 위해서는 그에 걸맞은 습관 만들기가 그 시작이 될 것이다.

둘째, 직업적 목표를 조금 높게 잡고, 즐겁게 할 수 있는 일을 찾는다는 것은 "열정적으로 사는 법을 연구해라."라는 말로 해석된다. 나는 '열정적으로 사는 법을……' 다음에 올 말에 대해서 굉장히 고민했다. '…배워라.', '…공부해라.' 등 표현이 많기 때문이다. 사람마다 가지고 있는 '열정'에 대한 의미가 모두 다르므로, 자신만의 '열정'에 대한 방법을 스스로 연구해야 한다는 결론을 내렸다.

이처럼 우리 삶에는 안정을 추구하는 마음 외에도, 비범함과 도전 정신이 필요하다. 평범함을 꿈꾸면 평범 이하로 살게 된다. 유명한 명언으로 이번 장을 마무리할까 한다.

"앞으로 20년 후에 당신은 자신이 한 일보다는 하지 않은 일로 인해 더 실망하게 될 것이다. 그러니 밧줄을 풀고 안전한 항구를 벗어나 항해를 떠나라. 돛에 무역풍을 가득 담고 탐험하고 꿈꾸고 발견하라." – 마크 트웨인

삶을 바꾸고 싶다면 무의식의 습관부터 바꾸자

독자님은 욕하는 사람을 보면 어떤 생각이 드는가? 나는 내 과거가 보이면서 슬프다. 우리는 욕을 왜 하게 되는 것일까? 아마도 무의식적으로 욕하는 환경에 많이 노출되어서 그럴 것이다. 영향은 다양한 곳에서 받을 수 있다. 가족, 친구, 미디어 등이 대표적이다. 나의 경우는 인생이 힘들다고 느껴질 때마다 욕이 늘었던 것 같다. 그 당시 관점으로는 나에게 세상은 이겨내고 극복해야 하는 대상이었다. 과거의 나에게 발버둥 치며 사느라 고생 많았다고 위로의 말을 전하고 싶다.

나는 과거에 '부정적인 생각' 덩어리였다. 부정적인 생각은 매력 없는 말투와 수동적인 행동을 불러온다. 물론 당시의 나를 이해한다. 코칭 분야에서 널리 사용되고 있는 NLP(Neuro-Linguistic Programming;신경 언어 프로그래밍의 약자—신경계의 작용 방식, 언어와 행동 모델 사이의 관계 연구)에는 다음과 같은 내용이 있다.

"모든 행동은 긍정적 의도에서 나온다, 무의식은 선의적이다."

어떤 행동이 부정적으로 보이는 것은 우리가 그 행동만 보고 의도를 알지 못하기 때문이다. 욕을 하는 그 행위도 그 사람에게는 긍정적 행동이다. 욕을 하는 사람의 내면에는 자신이 겁먹지 않았음을 알리고 싶어 하는 신호가 숨겨져 있다. 힘든 상황에 굴하지 않겠다는 다짐이 있기도 하다. 힙합 음악에 욕이 포함되어 있는 경우, 우리는 음악에서 투지ㆍ도전 등이 느껴지기도 한다. 그러나 난 부정적인 감정에 도취 되는 것이 문제였다. 당시는 그게 최선이라고 느껴졌다.

은유적 표현이 아닌, 정말 발버둥 치며 살았던 웃픈(웃기고 슬픈) 일화가 있어 소개한다. 스물다섯 살 때쯤일 것이다. 나는 당시 직업전문학교를 다녔다. 학교에서 기숙사 생활을 했다. 방 하나에 네 명씩 살았고, 이층침대가 두 개 있었다. 난 이층침대의 아래 칸을 사용했다. 위 칸에는 성문이라는 친구가 살았다. 서울이 고향인 재밌는 친구다. 키가 190이 넘고, 헤비메탈 음악을 했던 친구라 머리가 장발이었다. 나이 차이는 좀 났지만, 우리는 친하게 지냈다. 개그 코드가 잘 맞았다. 성문이가 어느 날 말했다.

"형, 요즘 잘 때 조용해진 거 알아요? 형 예전에 잘 때 이층침대 바닥을 엄청나게 차더니, 요즘엔 좀 조용한 것 같아요. 중얼거리면서 욕도 하는 것 같던데…."

밤마다 잠재의식 속에서 싸웠나 보다. 지금 청소년기까지를 돌이켜 보면 불안은 일시적인 폭력보다, 장기간 불안한 환경에 노출되는 게 영향이 큰 듯하다. 예를 들면 집에 가기 무서웠다. 오늘은 또 뭘 부술까? 비하, 비난, 욕설 등은 듣고 있기가 힘들었다. 대문 밖에서도 소리 지르는 소리가 들렸다. 그래서 아버지를 제외한 식구들이 단체로 나와서 산적도 많다.

나는 30대 중반부터는 불면증에 시달리기도 하였다. 아마도 잠재의식 속에 미해결과제들이 많이 남아서인 듯하다. 여기서 말하는 '미해결과제'는 심리학 용어이다. 마음의 병은 덮여 있었지만, 생각이 생각에 꼬리를 무는 형태로 재탄생했다. 30대 중반부터는 주머니 사정이 조금씩 풀렸다. 고시원에서 월세·전세를 거쳐 조그만 아파트도 마련했다. 모든 일이 잘 풀려 가는데도 반복된 불안 때문인지 불면증에 시달렸다. 불안한 사람은 일이 잘 풀리면 두렵다. 가지고 있는 작은 성취물들을 잃을까 두

렵기 때문이다. 생각에 빠지지 마시기를 당부드린다. 불안에 초점을 맞추면 안 된다.

방법은 모르지만 삶을 바꾸고 싶다는 생각이 간절한 어느 날, 마음에 자석같이 이끌려 책을 다시 읽기 시작했다. '자존감, 긍정, 자세, 습관, 불안, 회복탄력성, 실행' 등 연관 키워드로 나오는 책들을 읽으며 실천했다. 좋은 습관을 만들고, 붙이고 나쁜 습관을 버렸다. 작은 한계들을 넘어가는 과정이 이어졌다. 어느 날 특별한 체험이 며칠 이어졌고, 새 인생을 살게 된 계기를 쓰기 시작했다. 그게 이 책의 시작이다.

나는 책을 쓰기 시작하면서부터 마인드 코칭에 대해 전문적으로 배우기 시작했다. 부산의 'NLP멘탈코칭센터' 박영곤 박사님과의 인연은 그렇게 시작되었다.

박영곤 박사의 저서 『당신의 초능력』의 마인드 코칭 개념 중 TESA[생각(Thinking), 정서(Emotion), 말(Speech), 행동(Action)]의 개념을 소개한다.

"생각을 바꾸어도 정서와 말, 행동이 바뀌고
정서를 바꾸어도 생각과 말, 행동이 바뀐다.
말이 바뀌어도 생각과 정서, 행동이 바뀌고
행동이 바꾸어도 생각과 정서, 말이 바뀐다."

"성공을 위한 멘탈 전략이 생각의 열쇠이든 정서의 열쇠이든 말의 열쇠이든 행동의 열쇠이든 중요하지 않다. (중략) 4가지 열쇠는 뇌의 신경 회로에 함께 연결되어 있어 그중 어느 하나를 바꾼다는 것은 비국소성에 의해 전체를 바꾸는 것과 같은 결과를 만들기 때문이다."

박영곤 박사의 TESA 개념은 '좋은 습관 만들기'를 할 때도 유효한 전략이 될 수 있다.

4-1장에 직접 체득한 '마음의 병 셀프 탈출 기법'에 대한 설명이 있다.

법칙	세분화	내용 관련성
1 - 긍정 법칙	미소 짓기 자세 고치기 행복 음악 듣기 호흡법 고치기(미주신경 호흡)	5 - 7장 3 - 5장 2 - 5장 4 - 6장
2 - 자기이해 법칙	자기 대화법 셀프 칭찬, 감사하기 용서하기	3 - 6장 2 - 8장 1 - 7장
3 - 운동 법칙	1일1운동 지향, 아침운동 지향. 아침에 못 하면 저녁에 한다. 주말 아침에 운동약속을 잡는다.	3 - 1장
4 - 독서 법칙	E-book 듣기	2 - 7장
5 - 회복탄력성 법칙	인생에 역경이 왔을 때 이겨내는 힘	3 - 4장
6 - 두뇌 업그레이드 법칙	마인드맵의 사용	2 - 7장
7 - 성공 법칙	새벽기상, 성공 자기암시(최면)/명상	4 - 5장

TESA의 개념은 습관의 생성에 있어서, 핵심습관을 설명할 때도 사용할 수 있다. 대표적 핵심습관으로는 긍정적으로 생각하기, 정기적 운동 등을 들 수 있다.

예를 들면 나는 긍정적인 마음을 트레이닝 하는 과정에서 욕이 자동으로 사라졌다. 불안이 줄어들면 술 마시는 습관이 바뀐다. 정기적으로 운동하는 습관이 생기면 넷플릭스 시청과 같은 다른 활동들이 줄어든다. 핵심습관에 관한 내용은 4-6장에서 길게 다룬다.

우리의 정신세계를 설명할 때 의식세계와 무의식세계는 1:9 정도의 비율로 나뉘는 것으로 전문가들은 보고 있다. 박영곤 박사의 저서 『세일즈 멘탈에 답이 있다』에서는 우리의 정신세계의 대부분을 차지하고 있는 잠재의식에 관해 설명하고 있다.

"잠재의식은 논쟁과 판단, 비판을 할 줄 모르고 제공되는 자극과 정보를 그대로 수용한다. (중략) 인간의 뇌는 오감을 통해 현실을 경험하며 입력과 출력을 반복하기 때문에 그것이 상상이든 현실이든 구분하지 않고 반응한다. 오감을 활용한 언어패턴은 실제 경험과 똑같은 시스템으로 착각하여 반응하기 때문에 고객의 상태를 쉽게 변화시킨다. 오감을 동원한 고객의 경험과 기억은 그것이 언어적인 것이든 직접 경험한 것이든 가리지 않고 특정한 믿음을 만들게 되는 것이다."

습관은 잠재의식 분야와 밀접한 관련이 있다. 이 책에서는 정신세계에 관해 깊게 다루고 있지는 않지만, 4-5장에서 간접적으로 잠재의식의 활용에 대해 다루고 있다.

습관은 수많은 '성공학', '자기계발' 서적에서 아주 중요한 챕터로 직접적으로 다뤄진다. 뿐만 아니라 '대운의 법칙', '마음의 병' 분야까지 습관이 다뤄지지 않는 곳이 없다는 것을 책을 쓰면서 알게 되었다.

특히 말, 행동뿐만 아니라 생각하는 방식까지 습관이란 것을 알게 되었을 때는 무섭기까지 하였다. 그러나 뒤집어서 생각해보니, 습관만큼이나 결과물이 정직하고 뚜렷한 것이 우리 인생에 또 있겠냐는 생각이 들었다.

06

나에 대한 고정관념이 인생을 망친다

고정관념이라 하면 세상을 보는 시선이라고 해도 되겠다. 고정관념이 나쁜 것만은 아니다. 당신의 고정관념이 만들어진 시기에는 그것이 옳았다. 남들이 뭐라 해도 당신은 그 생각으로 세상을 헤쳐나갔다. 지금 당신의 생각이나 행동에 대해, 거절하는 사람들이 늘어나고 있다면 이유는 사람들의 가치관이 계속 변하기 때문일 것이다.

세상에 대한 나의 고정관념은 숨길 수가 있다. 말하지 않으면 그만이다. 남에게 피해만 끼치지 않고 살면 그만이다. 그보다 큰 고정관념은 자신에 대한 부정적 고정관념이다.

과거에 나에 대해 가지고 있던 부정적 고정관념들에 관해 이야기해보겠다.

"나는 운동을 못 한다."고 생각했다. 당신도 이렇게 생각한다면 다시 생각해보길 바란다. 당신이 지겹지만 않다면 '당신이 운동을 잘하는 이유' 100가지 정도를 설명할 수 있다. 몸짱을 꿈꾸지 말자. 꾸준히 헬스장에 갈 수 있는 사람을 꿈꾸자.

내가 '운동을 못 한다.'라는 생각을 바꾸게 된 계기가 있다. 한참 습관 만들기에 열중할 때의 일이다. 당시 운동은 강변 산책만을 했었다. 물론 침대에서 나와서 강변 산책을 한다는 것 자체가 대단한 일이다. 강변 산책을 며칠하고 나서는 달려보기로 마음먹었다. 며칠 도전 끝에 강변을 한 바퀴 도는 데 성공했다. 한 바퀴 돌고 돌아오는 길이었다. 어린 시절 달리기를 좋아했던 게 기억났다. 그리고는 어린 시절 내가 좋아했던 것들이 떠올랐다.

하프마라톤에 성공한 지금 입장에서 보면 얼마 되지 않는 거리이다. 약 3km 거리이며, 시간상으로는 15분~18분 정도를 달린 시간이다. 중요한 것은 15분 달리기의 성취가 나를 운동의 길로 이끌었다는 것이다. 하프마라톤 도전기에 관한 이야기는 4-2장에서 다시 하겠다.

나는 요즘 글쓰기 등 바쁘단 핑계로 운동을 좀 쉬었다. 나에게 미안하다. 아무리 삶의 우선순위를 조정하더라도, 절대로 운동을 양보하면 안 된다. 시간이 좀 있다면 운동량의 한계를 두지 말고 운동해보길 바란다. 다만 급격하게 운동하면 부상입을 확률이 있다. 점차 시간과 양을 늘리길 바란다.

"나는 늙었다."고 생각했다. 나는 현재 40대 초반의 나이다. 늙었다는 생각에 사로잡힌 게 30대 중반쯤인 듯하다. 이런 생각들을 했다.

"흰머리가 늘고, 주름이 보이기 시작한다. 단어도 생각이 잘 안 나는 것 같다. 자연스럽게 받아들이기로 하자."

방금 나의 과거 생각에 고개를 끄덕인 사람이 있다면 당장 그 생각을 멈추자. 노화와 노쇠는 다르다. 유튜브만 봐도 나이 지긋하신 몸짱 할아버지가 많다. 〈서울신문〉의 2018년 4월 6일 자, "나이 들어도 새로운 뇌세포 생성된다."라는 기사 내용을 인용한다.

"연구진이 14~79세 28명에게서 기증받은 시신을 이용, 뇌 해마를 자세히 관찰한 결과, 성인의 뇌에서도 마치 어린이처럼 수천 개의 새로운 신경세포가 만들어진 사실을 확인했다."

나이가 들면 뇌가 일방적으로 늙기만 한다는 생각은 버려야 한다. 인터넷을 검색해보면 수백 건의 기사를 검색해볼 수 있다. 요약하면 꾸준히 운동하고, 좋은 생각, 좋은 글쓰기, 좋은 말을 자주 하면 뇌는 늙지 않는다는 것이다. 상식적으로 하는 이야기에 진리가 있다. 그래서 더더욱 자신에 대한 고정관념을 버릴 필요가 있겠다.

"나는 생각이 많은 사람이다."라고 생각했다. 사람의 특성에 따라 감정이 풍부하고, 생각이 많을 수가 있다. 그러나 생각을 모두 진실로 받아들여서는 안 된다. 생각을 줄이기 위해 노력해보았으나, 주관적 경험에 의하면 생각을 줄일 수는 없었고 바꿀 수는 있었다. 꽤 긴 시간 전산 프로그램 개발 분야에 몸담았다. 논리적 사고를 요하는 일들을 많이 했다. 나의 뇌가 논리 다이어그램 등을 그리는 최적화된 것이다. 그러나 우리 인생은 논리 다이어그램처럼 그려지지 않는다.

무기력과 "나는 원래 생각이 많다."라는 관념이 잘못 만나면 최악이다. 어느 순간에는 정말 내 머릿속에서 생각이 나가줬으면 하는 마음이 간절했다. 머리가 복잡하고 에너지가 좋지 않은 사람에게 "생각 좀 그만해라."라고 말해봐야 소용없다. 오히려 "생각 그만해라."라고 말하는 사람과 관계가 소원해질 확률이 높다.

생각이 많은 것이 어찌 보면 축복일 수도 있다. '크리스텔 프티콜랭'의 저서 『나는 생각이 너무 많아』의 내용처럼 정신적 과잉 활동인은 그저 남달리 예민한 지각과 명석한 두뇌를 가지고 있을 뿐일지도 모른다.

생각 많은 사람이 우울하고, 무기력한 상태에 있는 것은 생각이 많아 우울해진 것이 아니다. 어떠한 일로 우울해져서 부정적인 생각을 아주 강하게 끌어들일 뿐이다. 생각이 많은 사람이 행복을 느낀다고 상상해보

자. "생각 좀 그만해라."라고 말하는 사람보다 행복한 생각을 훨씬 풍부하게 할 수 있는 사람일 것이다.

나는 "말할 때 주절거린다."라고 생각했다. 비슷한 뉘앙스지만 긍정적인 말로 바꿔보겠다. "나는 말할 때 상세히 설명한다.", "나는 이야기를 풀어서 하는 편이다." 등으로 유사하게 설명할 수 있다. 실제로 남들이 날 보고 주절거린다고 생각할 수도 있다. 그러나 주절거리는 능력도 장점이다. 주절거리는 능력이 없으면, 스토리텔링 능력도 없는 것이다. 남들이 보기에 나의 주절거림은 나의 특성이지 단점이 아니다. 내가 과거에 '주절거림'이란 단어를 '스토리텔링'으로 바꿔서 생각할 수 있었으면 어땠을까? 이 장점을 살리기 위해 더욱더 애썼을 것이다.

다만 사람들이 대화할 때 불편해하는 부분은 연습해서 고치는 것도 필요하다. 그러나 자기 자신을 '주절거린다.'라고 부정적으로 생각하는 순간 입을 닫아버린다.

나는 "술을 좋아한다."라고 생각했다. 현재는 그렇지 않지만, 나는 오랜 시간 술에 의존했다. 우리는 일상에서 술에 쉽게 노출되는 경향이 있다. 술이 취미가 되어서는 안 된다. 술은 마시는 시간 외에도 회복되는 시간이 많이 필요하다. 술은 우리 몸에 없는 성분이다. 그렇기 때문에 우리 몸은 술을 분해하기 위해서 에너지를 모두 써버린다. 술을 많이 마시면 다음 날 몸살이 나는 이유이다.

나는 야근을 많이 하는 회사들에서 근무했다. 슬프게도 야근이 많은 사람일수록 취미가 술이 되는 사람이 많았다. 의도치 않게 일찍 퇴근하는 날이면, 힘든 회사 생활을 보상받길 원한다. 어쩌다 얻는 여가 시간이기에, 계획이 없다. 가장 쉽게 선택할 수 있는 게, 시간을 지불하고 술로 나른함을 얻는 것이다.

술의 좋고 나쁨을 따지려는 것이 아니다. 한 명의 육체노동자의 일상을 따라가 보자. 찌는 듯한 더위다. 작업을 시작한 지 30분밖에 되지 않았지만, 몸은 땀에 젖어가기 시작한다. 온종일 달궈진 철판 위에서 용접을 한다. 달걀도 깨놓으면 후라이가 될 것처럼 뜨겁다. 좁은 공간에서 요가 동작하듯이 용접을 한다. 나의 아버지의 몇 해 전까지의 일상이다. 나의 아버지는 평생 용접 일을 하셨다. 집에 오셔서 막걸리 한잔하는 게 낙이셨다. 부모님과 같이 살 때는 나도 함께 막걸리를 마셨다. 고단한 일상을 달래는 위로랄까.

그러나 술이 일상이 되어서는 안 된다. 술은 어쩌다 마셔야 그 가치를 알 수 있다. 나는 가끔 편의점 맥주를 마신다. 요즘 만들어둔 습관은 맥주를 한 캔만 산다. 맥주를 사러 다시 편의점에 가는 게 귀찮아서라도 한 캔만 마신다. 술이 세지고 싶다는 바보 같은 생각을 하고 있다면 당장 멈추자. 술이 약한 게 축복이다. 퇴근길에 "치맥이나 할까?"라는 생각이 든다면 당장 밥을 먹자. 당신의 뇌가 배가 고픈 것인지, 술을 마시고 싶은 것인지 헷갈리고 있는 것이다. 알코올의존에 관한 이야기는 4-7장에서 다시 다룰 것이다.

이처럼 자기 자신에 대한 고정관념은 무섭다. 자신의 단점이라고 생각하는 부분이 정말 단점일까 하고 생각해볼 필요가 있다. 단점이라는 생각에 빠지게 되면, 훨씬 고치기가 힘들게 느껴진다. 평생 못 고칠 수도 있다. 왜냐하면, 실제 별로 고칠 게 없을 수도 있기 때문이다. 그리고 심리학에서도 단점을 장점으로 바꾸는 것은 굉장히 어려운 일로 보고 있다. 장점을 끌어올리면 단점이 다른 사람의 평균은 된다.

자신에 대한 부정적 고정관념은 타인과의 커뮤니케이션도 어렵게 만든다. 자기 마음에 쳐놓은 울타리만큼 타인도 그럴 것이라고 생각하게 만든다. 미리 벽을 쳐버리는 것이다. 나는 오랜 시간 동안 친해지기 어려운 타입의 사람이었다. 성격을 고쳐야 한다는 생각으로, 동호회에 나갔다. 애써 동호회 활동을 할 때마다 술 마시고 실수를 했다.

커뮤니케이션이 우선이 아니었다. 내 마음을 돌봐야 했다. 여러 가지 부정적 고정관념을 불어내는 게 우선이었다. 우리는 모두 좋은 에너지를 이미 가지고 있다. 사용법을 모를 뿐이다. 개인적으로 학교에서 마음 사용법을 가르쳐야 한다고 생각한다. 독일 등에서 중·고교 때 노동권을 가르치는 것처럼 말이다.

07

나는 좌절하는 게 습관이었다

나의 좌절 습관은 어린 시절 길러졌다. 나의 어린 시절은 불안을 여과 없이 받아들일 수밖에 없는 환경이었을 수도 있겠다. 나의 과거들을 조명하는 이유는, 나의 과거에서 독자들이 자기 삶의 힌트를 얻길 바라는 마음에서다. '왜'가 아니라 '어떻게'로 초점을 바꾼다. 그리고 과거에 초점을 두지 않고 현재와 미래로 맞춘다. 이 책에서 계속해서 말하게 될 핵심적인 내용이다.

나는 초등학생 때 첫 가출을 했다. 아홉 살 정도였던 것 같다. 아마도 가출 기간이 한 달은 되었을 것이다. 공사장에서 잠을 자고, 좀도둑질하며 살았던 것 같다. 유치원 시절의 즐거웠던 기억은 남아 있다. 그런데 내가 왜 초등학생 시절에 가출했는지, 전후 사정이 기억나지 않는다. 어린 시절 기절했던 기억도 전후 사정이 기억나지 않는데 그와 비슷한 것 같다.

내 잠재의식이 내가 견딜 수 있을 정도로만 기억을 편집하는 것 같다. 아마 가출 이전에 기절 사건이 있었던 것 같다. 기절 사건은 다음과 같다. 8~10세 중에 있었던 일이다. 아버지에게 맞은 건인지, 도망가다 부딪힌 건인지 기억이 나질 않는다. 아무튼 어린 시절 기절을 했었다. 어린 시절 기절 사건은 1-2장에서 다루었다.

어린 시절 더 운이 없는 것은 나의 형이다. 형의 나이 열세 살쯤 일이다. 아버지가 형을 대문에 쇠사슬로 묶어놓은 적이 있다는 전설이 내려오고 있다. 믿거나 말거나다. 폭력이 대물림되면서 나는 형에게 괴롭힘을 당하였다. 그러나 형이 없었으면 누나와 나는 어떻게 됐을지 모르겠다. 아버지를 피해서 임시거처에서도 많이 살았다. 영화에서 스파이가 임시거처를 돌아다니는 것 같이 절대 멋있지는 않았다.

어머니도 아버지에게 많이 맞으셨는데, 폭력에 무기력해져 갔다. 나도 어린 나이에는 할 수 있는 게 없었기에 무기력했다. 무기력은 학습되어 갔다. 그래서 평범하게 사는 게 꿈이었던 것 같다. 하루 그냥 조용하게 사는 게 꿈이었다. 귓갓길에 대문 밖에서부터 큰 소리가 들려온 적도 많았다. 너무 부끄러웠다. 집에 가기 싫은 날이 많았다. 직접적 폭력도 문제지만 언어폭력이 더 큰 문제였다. 아버지의 젊은 시절 저주를 내리는 듯한 말투는, 할머니에게서 대물림된 것으로 알고 있다. 아버지의 말은 정말 현실이 되었다. 형과 누나는 직접적으로 피해를 입었다. 더는 이야기하기가 마음 아프다.

나에게 있어 폭력의 끌어당김은 고등학생 시절 최고조로 나타났다. 학교에 잘 가지 않았다. 어느 날 늦게 등교를 했다. 늦게 등교한 죄로, 남자 담임선생님에게 대걸레 막대로 머리를 맞았다. 머리에서 피가 쏟아졌다. 병원에 가서 몇 바늘 꿰맸다.

더 큰일은 이후에 이어졌다. 몇 달 지나지 않았던 것 같다. 다른 반 여선생님과 숙제문제로 마찰이 있었다. 대들다가 무의식적으로 선생님 뺨을 때리게 되었다. 의식이든 무의식이든 중요치 않다. 학생에게 맞은 선생님의 마음 상처는 평생 갈지도 모르겠다. 죄송한 마음뿐이다.

나는 최근에 와서야 당시의 나를 용서할 수 있었다. 20년도 넘어서 말이다. 바꿀 수 없는 과거를 붙잡고 생각이 날 때마다 자책했다. 사실 나는 때린 적보다 맞은 적이 많다. 군 시절까지 치면 스물두 살까지이다. 나를 때린 사람들에게는 억울한 감정이 남아 있지 않다. 그런데 내가 가해자인 경우는 나를 용서하는 데 꽤 오랜 시간이 걸렸다. 자신에게만 너무 엄격한 나와 같은 사람이 있다면 용기를 내서 자신을 용서하라고 말하고 싶다. 과거를 놓아 줘라.

폭력에 무기력하게 있지 말길 바란다. 폭력에 폭력으로 대응하지 마

라. 법으로 돌려줘라. 그게 가해자의 인생도 바로 잡는 길이다.

나는 성인이 되어서도 작은 일에 좌절했다. 나는 내가 좌절에 빠지게 되는 메커니즘을 가지고 있다는 것을 몰랐다. 예를 들면 이성 간의 헤어짐에도 크게 좌절했다. 연인과 헤어지면 누구나 좀 우울하다. 연인과 함께한 시간이나 추억에 따라서 감정의 깊이가 다를 것이다. 주관적인 생각에는 연인과 헤어진 후, 보름에서 한 달 정도면 컨디션을 회복해야 한다고 생각한다. 헤어짐은 자기 자신을 채울 수 있는 시간이다. 그리고 헤어짐은 새로운 만남의 출발이기도 하다. 그러나 나는 연인과의 헤어짐에 대해 자책하는 감정이 몇 달 혹은 몇 년을 갔다.

이제 인생에서 가장 크게 사고 친 일을 고백할 차례다. 가족을 경제적으로 돕다가 신용불량에 빠졌다. 지나서 생각해보면, 신용불량은 크게 좌절할 일이 아니다. 신용이 일시적으로 나빠졌을 뿐이다. 가끔 인터넷에서 돈 문제로 잘못된 선택을 하는 청년들의 기사를 접한다. 대응해보면 별일 아니다. 쓸데없는 공포가 불러온 결과일 것이다.

당신의 인생은 비교할 대상이 없을 정도로, 아름답다는 것을 잊지 말자. 지나고 나면 아무 일도 아니다. 오히려 단단해진다. 나도 힘든 일을 거쳤기 때문에 책을 쓰고 독자에게 아무 일도 아니라고 말할 수 있는 것 아닌가?

8년 전쯤의 일이다. 신용불량이라는 상황에 속이 상했다. 속상한 기분을 풀기 위해, 태종대 자갈마당에서 술을 마셨다. 울산에서 여행 삼아 간 길이다. 차를 모텔에 주차했어야 했는데, 깜빡하고 자갈마당에 주차했다. 술을 마시고 판단력이 흐트러졌다. 모텔까지만 차를 몰면 된다고 생각을 했다. 음주운전에 적발되었고 면허가 취소되었다. 스스로 나를 더욱더 힘든 상황으로 몰아넣었다. 불행하다는 생각과 비관적인 생각은 다른 안 좋은 상황을 끌어들인다. 다음날 보니 걸어서도 갈 만한 거리였다.

폭력은 폭력을 부른다. 맞아본 사람이 때릴 수도 있다. 특히 아이들은 스펀지같이 흡수한다. 아기코끼리가 족쇄에 학습되어 어른 코끼리가 되어서도 못 벗어나는 것과 같은 모습이다. 절대적 약자인 아이는 할 수 있는 게 없다. 나도 어쩔 수 없다는 생각하며 받아들여 버렸다. 아마 당시 할 수 있는 일은 집을 나가는 정도였을지도 모르겠다.

폭력적 언어의 내용은 어떻게든 현실 세계에 반영된다. 현실에 반영되지 않으려면, 폭력을 당하는 사람이 그 생각을 거절해야 한다. 그러나 어른들도 타인의 잘못된 생각을 필터링 없이 거절하기가 쉽지 않다. 독자님이 어떤 유튜브 채널들에 노출되고 있는지, 살펴보면 답을 알 수 있을 것이다.

나는 직장에서 그런 모습을 쉽게 봤다. 갈구는 사람은 그 역할에 몰입해 있다. 당하는 사람도 몰입해 있다. 건강한 비판이 아닌 경우가 많다.

한국문화 특성인 줄 모르겠으나 지적하는 사람이 대부분 대답 듣는 걸 싫어한다. 그러다 보니, 듣는 역할의 입장에서는 말을 못 하게 된다. 일자리는 당장 생존이다. 쉽게 이야기할 수 있는 부분은 아니다.

아이의 경우 언어폭력을 당하게 될 경우, 그대로 받아들인다. 언어폭력 정도가 아니라 할지라도, 부정적 말버릇을 어느새 따라 한다. 내 마음속 아이는 영문도 모른 채 각종 마음의 병을 가지고 살았다.

주거와 직장생활이 안정되면, 마음속 아이는 좀 가라앉았다. 그러나 조그만 문제에도 불안은 떠올랐다. 불안해하는 만큼 현실에 그대로 반영되었다. 너무 오랜 시간이었다.

그래도 굉장한 행운으로 받아들인다. 신은 내가 견딜 수 있는 만큼만 밀어붙였다. 마음의 병, 흡연, 폭음으로도 몸과 뇌가 무너지지 않았다. 오히려 운동하며, 책을 쓰며 뇌는 더욱 청명해져갔다. 몸과 마음이 무너져 있는 분들이 있다면 생각을 바꾸길 바란다. 당신의 자원은 무한하다.

부모님이 날 사랑하지 않는 게 아니다. 방법을 배우지 못해 마음이 다른 방법으로 전달됐다. 우리 세대는 주로 충격요법으로 교육받았다. 부모님은 평생 일만 했다. 나의 부모님 세대는 직업선택의 자유도 별로 없었다. 나의 부모님은 평생 조선소에서 일하셨다. 힘들지만 그 당시 선택할 수 있는 직업 중 최고의 선택이기도 하셨다. 나같이 고민할 수 있는 여유 있는 시대에 태어나지도 않으셨다.

나는 습관으로 각종 마음의 병을 벗어났다. 나 자신을 아끼고 사랑하는 법을 책을 통해 스스로 체득했다. 하나하나 다시 나를 가르쳐야 했다. 끝도 없었던 마음의 병을 셀프로 탈출한 방법들을 정리해야 했다. 정리된 트레이닝 방법은 4-1장에서 총정리하고 있다.

2장

습지를 움직여라

관도

노력은 필요 없다, 답은 반복에 있다

당신의 최근 목표는 무엇인가? 나의 직장인 시절 목표는 주로 자격증 취득이었다. 자격증 인터넷 강의를 등록하고 듣지 않는 게 수차례였다. 항상 실패하는 요인은 비슷했다. 내 인생에서는 무기력증과 야근이 삶에 영향을 미치는 꽤 큰 요소였다. 나는 야근 있는 회사들에서 근무했다. 퇴근 시간이 일정하지 않으면, 자기계발이 쉽지 않다. 회복탄력성이 좋은 사람이라도 변수들이 많은 경우 포기하는 상황에 놓인다.

먼저 목표를 재정립할 필요가 있다. 목표는 '공인중개사' 따기가 아니다. '공인중개사' 공부를 계속할 수 있는 사람이 되는 것이 먼저다. 자기자신에 집중할 수 있는 상황에 있는 사람은 얼마 되지 않는다. 그렇기 때문에 성공적인 반복루틴을 만들기 위해서는, 최대한 심플하게 만들어야 한다. "노력해야 해. 버텨야 해. 힘내야 해."와 같은 생각 에너지를 아껴야 한다. 공부하는 시간을 일상의 평범함으로 만들어야 한다. 무의식적으로 책상에 앉는 시간을 만들어야 한다.

먼저 반복루틴을 만들기 위해서는 생각 에너지를 아껴야 한다. 우리는 하루에 5~7만 개 정도의 생각을 한다는 것으로 알려져 있다. 부정적 생각이 들 수밖에 없는 상황을 보자.

퇴근길 박 과장의 머릿속 생각이다.

"월요일 회의 시간부터 매출 가지고 계속 압박이 들어온다. 코로나인데도 매출이 줄지는 않았다. 그런데도 계속 난리다. 신제품 개발이 되지 않아. 현재 제품은 기술경쟁력과 가격경쟁력에서도 글로벌 제품에 밀린다."

보통 한국 직장인들은 부서용 단톡방이 있다. 회사 일정을 공유하기 위해 필요하기도 하다. 영업부서 단톡방은 일반 부서 단톡방과 다르게 2가지 용도로 쓰인다. 매출 보고 및 정신 교육 용이다. 남 일이라 쉽게 느껴질 수도 있겠으나, 하루에 10시간 넘게 카톡에서 간접적으로 정신교육을 받고 있자면 생각이 부정적으로 바뀌지 않을 수 없다. 그래서 퇴근길

소주 한잔 습관을 말리기가 쉽지 않다. 삶의 애환이다.

위와 같이 부정적 생각이 들 때는 아래같이 생각의 초점을 다른 곳으로 돌려보길 바란다.

"나는 항상 결과를 내기 위해 주어진 환경에서 최선을 다했다."
"회사는 중요하지만, 회사가 곧 나는 아니다."
"나의 내 삶의 창조자다. 오늘의 꿈은 자기계발을 2시간 하는 것이다."
"나의 꿈은 투덜이 스머프가 아니다."

핵심은 나의 꿈과 오늘의 꿈을 퇴근길에 생각하는 것이다. 말하기를 하면 더 효과가 좋다.

이 책의 곳곳에 긍정기법 혹은 생각을 바꾸는 예문 등이 소개되어 있다. 중요한 것은 독자의 상황에 맞게 각색해서 실천해야 한다. 휴대폰에 적어두고 퇴근길에 확인하는 습관을 만들면 좋다. 위 예문은 미운 사람에 대해 신경 쓰게 될 때, 유사하게 사용해도 된다. 당신의 꿈은 '그 사람을 미워하는 사람'이 아니다. 우리의 꿈은 더 나를 아끼는 사람이다.

자전거 타는 법을 말로 가르칠 수 없듯이, 습관은 실행하는 데 중점을 뒤야 한다. 헬스하기를 목표로 두었으면, 헬스장 가서 샤워만 하고 나오더라도 일단 가야 한다. 반복해서 성취하고 싶다면, 삶의 우선순위에서 해당 습관의 순위를 올려줘야 한다. 예를 들어 헬스하기가 독자의 우선순위 1위라고 하자. 운동 외에 포기할 수 있는 것들은 포기해야 한다. 친구와의 치맥 자리가 대표적이다. 쉬워 보이지만 가장 어려운 일 중에 하나이다. 가끔 친구와 치맥을 먹어야겠다고 하면, 일주일 전에 약속을 정하면 된다. 즉흥적으로 약속을 정하지 말자. 술자리의 흔한 배경 그림이되길 거부해라. 샤워한 후 거울에 비치는 건강한 자신의 모습을 상상해라.

우리가 좋은 습관들을 만들려고 하면 항상 외부에서 쏟아지는 반작용이 있다. 친구보다도 회사 동료들과의 술자리가 더 거절하기가 힘들다. 위계질서가 엄격한 조직에서는 더 자리에서 빠지기가 힘들다. 특히 부서 팀장이 술을 좋아할 경우 더 그렇다. 나는 직장생활 당시 계속되는 회식 참석 압박에 이렇게 생각을 했다.

"평생 내 시간을 다른 사람에게 내어주었다. 내 시간을 다른 사람에게 쉽게 주고는, 운동 못 하는 변명을 나에게 대었다. 이제는 달라지겠다. 내 시간을 내가 쓰고 운동할 핑곗거리를 다른 사람에게 대겠다. 흔한 식사 자리는 참석하지 않는다."

위에서 언급했듯이 좋은 습관 만들기는 반드시 외부 반작용이 존재한다. "회사가 우선이지. 단체생활 몰라? 팀장 눈 밖에 나고 싶어?" 정도의 멘트는 기본이다. 조롱 섞인 농담을 들을 수도 있다. 습관 만들기를 하다 보면, 좋은 습관을 가진 사람들이 눈에 보인다. 좋은 습관을 가진 사람들은 직장에서 조용한 사람이 대부분이다. 실제 성격이 조용해서가 아니다.

다른 사람에게 에너지를 뺏기지 않으려는 것이다. 본인에게 집중하고 있는 것이다. 직장동료 중 아침 산책을 하는 분이 있었다. 어쩔 수 없는 회식 자리 아니면 참석하지 않는 분이었다. 회식 자리에서도 술을 거의 마시지 않았던 것으로 기억한다. 알고 보니 그분은 꽤 비싼 새 아파트에 살고 있었다. 재산을 물려받은 케이스가 아니었다. 몇 차례 갭투자를 통해 새 아파트로 이사한 것이다. 부동산 투자에 포커스를 맞추면 안 된다. 좋은 습관을 가진 사람이 자기 삶에 집중하는 모습을 본받아야 한다.

사업가가 되면 본인을 내세워야 한다. 그러나 직장에서는 단체생활에 빙의 되는 게 직장인의 미덕으로 받아들여진다. 인터넷에서 읽은 글이 생각난다.

"한국기업 채용의 특징은 조직에 잘 녹아들 수 있는 사람인지를 본다. 글로벌 기업은 개성 있는 사람을 뽑아서 레고처럼 어우러지는 것을 중요시 한다."

나도 긴 시간 직장인 버전의 삶에 맞추어 살았다. 자신이 믿는 사실, 그것이 곧 자기암시이다. 나도 오랜 시간 깊은 최면에 빠져 살았다. 나는 무기력증과 야근으로 객관적인 나를 보지 못했다. 기량을 제쳐두고도 선수가 열심히 하는 건 당연하다. 선수가 경기장에서 열심히 경기를 뛰어야 관객들도 재밌는 법이다. 다만, 고도가 높아질수록 시야가 달라진다는 점을 항상 기억하자. "회사가 곧 나는 아니다."라는 점을 명심하자.

다른 곳에 에너지를 뺏기지 않고, 반복루틴에 집중하는 이야기로 돌아가 보자. 헬스장이 처음엔 어색하다. 남들과 같이 하는 운동보다 좀 단조롭기도 하다. 나는 헬스장에 가는 재미를 붙이는 쪽으로 포커스를 맞췄다. 헬스장에 며칠만 다녀도 눈에 익는 사람들이 생긴다. 먼저 인사하자. 사실은 그 사람들도 인사하고 싶어 한다. 헬스장에 아는 사람이 있으면 다닌 지 며칠 되지 않아도 익숙하게 느껴진다. 헬스 프로그램도 남이 만들어놓은 프로그램을 따르지 말고, 본인이 하고 싶은 대로 한다. 헬스장에 익숙해지면 이것저것 기구를 바꿔서 해본다. 습관은 약 3주면 만들어진다. 습관이 만들어지고 나서, 강도를 높여서 운동해도 늦지 않다.

헬스장에 등록할 때는 3개월 단위로 하는 게 좋다. 나의 경우 직장인 시절에는 회사 근처 헬스장을 다녔다. 퇴근이 일정한 회사에 다니는 게 아니라면, 운동을 할 수 있는 방법은 딱 한 가지다. 아침에 운동하는 것이다. 왜냐하면, 저녁 시간 이후에는 변수가 너무 많다. 저녁 시간을 나에게 쓸 수 있는 사람은 많지 않다. 아무리 시간 조정을 해도, 예상하지 못한 일정이 툭툭 튀어나온다. 직장인들은 아침에 운동해야 한다. 직장인을 위한 최적의 운동 프로그램은 3-1장에서 다시 이야기한다.

이번 장을 요약하면 다음과 같다.

첫째, '공인중개사' 자격증 따기가 아니라 '공인중개사' 공부를 반복할 수 있는 사람이 되는 것이 목표가 되어야 한다. 그러기 위해서는 '노력'이라는 생각 에너지를 아껴야 한다. 반복할 수 있는 데 집중해야 한다. 내 시간을 남에게 쉽게 주고, 나에게 실행하지 못한 핑계를 대지 않는다.

둘째, 좋은 습관을 만들 때는 항상 외부의 반작용이 있다. 주변을 둘러보자. "좋은 게 좋은 거지.", "한잔해야지." 하는 사람보다 미꾸라지처럼 빠져나가서 자기 인생을 챙기는 사람이 훨씬 잘산다. 좋은 습관을 위해 어느 정도 미움을 받는 것은 당연한 일일지도 모른다. 좋은 습관 만들기는 질투를 동반한다. 그대로 살고자 하는 사람을 가르칠 때는 주의해야 한다. 행동이 바뀌려면 생각이 바뀌어야 한다. 생각이 바뀌려면 자기 안의 생각이 바뀔 만한 조건이 형성되어야 한다. 이 책을 읽는 사람은 그 조건이 형성된 사람이다.

애석하게도 친구, 직장동료, 부모님은 좋은 습관 만들기 전문가가 아닐 수도 있다. 나의 부모님이 몸짱 할아버지 할머니가 아니라면, 그분들이 헬스장에서 몸 기르는 습관을 내게 가르칠 수 없다. 내가 나의 코치가 되어야 한다.

셋째, 진짜 운동은 익숙해지고 재미가 생긴 다음에 해도 된다. 재미가 있어야 반복하게 되고, 잘하게 되면 자신 있어진다. 자신 있어지면 자연스레 내 삶의 일부가 된다.

다이어터가 아니라 유지어터를 목표로 삼아라

로버트 M. 슈워츠의 저서 『다이어트 절대 하지 마라』에 따르면 다이어트에 성공하는 사람은 200명 중 10명뿐이고, 그 체중을 유지하는 것은 1명뿐이라고 한다. 이 내용은 사사키 후미오의 저서 『나는 습관을 조금 바꾸기로 했다』에서도 소개되고 있다. 좋은 습관을 유지하기는 쉽지 않다. 왜냐하면 주변 환경이 계속 변화하기 때문이고, 삶의 우선순위가 계속 조정되기 때문이다. 물론 어떠한 형태로도 몸 관리는 계속 해나가야 한다.

습관을 만들 때 작은 일에 성과를 느끼고, 자기 자신의 노력에 대한 가치를 알아야 한다. 예를 들어 몸무게를 1kg 줄여본 사람은 언제든지 다시 1kg을 줄일 수 있다. 과정에서 느꼈던 뿌듯함을 다시 느낄 수 있다면, 당신은 언제나 근사한 자신으로 돌아갈 수 있다. 주변의 환경에 굴하지 않고, 당당하게 최선을 다했던 당신의 모습 말이다. 당신의 꿈은 몸짱이 아닐지도 모른다. 우리 모두가 옥주현이 될 수는 없다.

이미 다이어트 경험이 있는 사람도, 다시 도전하지 않는 이유는 무엇일까? 과정을 되돌려볼 때 '힘듦'만 있는 경우, 다시 그 길로 가기가 쉽지 않다. 마치 힘들다는 생각은 다른 힘든 일을 불러들이는 것과 같다. 내가 습관 만들기에 계속 재미를 추구하는 이유이다.

습관 만들기는 굉장히 행복하다. 습관 만들기를 생각하고 있는 당신은 굉장히 행복한 사람임을 잊지 말아야 한다. 습관 만들기는 다음과 같은 전제조건이 필요하다.

첫째, 시간이 있어야 한다. 혹은 나를 위해 시간을 만들어야 한다. 돈이 없어 가난한 것이 아니다. 시간을 모두 남에게 팔아버린 사람은 가난하다. 혹시 현재 시간을 다 팔아버린 사람이라도 좌절할 필요는 없다. 당신의 잠재의식이 지금 상황에 있어서는 그것이 최선이라고 판단한 것이다.

둘째, 내가 인식하고 있는지의 여부를 제쳐두고도, 스스로를 챙기려 하고 있다. 당신의 잠재의식은 24시간 활동한다. 잘 때도 잠재의식 스위치는 꺼지지 않는다. 사회·가족 구성원으로 역할을 하는 나도 중요하다. 그러나 조금 내려놓을 수는 없을까? 나에게 신경을 좀 더 써보자. 하고 싶은 일, 할 수 있는 일 그리고 해야 하는 일들이 있다.

나에게 어려운 일은 조금 나누고, 상대방은 힘들지만 나에게 어렵지 않은 일을 받아주면 어떨까? 나는 아침 시간이 필요하니, 저녁 시간을 좀 내주면 어떨까?

다이어트를 시작한 당신을 응원하자. 간혹 응원하지 않고, 깎아내리려는 사람이 있을 것이다. 그 사람은 자신이 가진 것만 중요한 사람이다. 2-1장에서 소개한 방법대로 생각을 전환할 수 있는 루틴을 만들어보자.

"나의 꿈은 건강한 사람이다.

오늘의 내 꿈은 운동을 마친 뒤 개운해하는 나다.

나의 꿈은 사람을 깎아내리는 그 사람이 아니다."

나는 컴퓨터 관련 자격증이 4개 있다. 나에게 가치 있는 자격증이다. 직업전문학교 재학시절 2년 만에 학사 학위를 받게 해준 자격증이다. 전공과목 학점을 자격증 점수로 50점 이상 대체할 수 있었다. 자격증 4개의 특징은 3~6개월 정도 주말에 집중하여 공부하면 딸 수 있는 자격증이었다. 자격증은 두 가지로 분류할 수 있다.

직업에 도움을 줄 수 있는 자격증과, 직업을 바꿀 수 있는 자격사이다. 내가 가지고 있는 자격증들은 전자의 성격을 띤다. 자격사의 경우 일반자격증보다 응시조건이 까다롭다. 감리사를 예로 들겠다. 감리사의 경우 보통 10년 정도의 업계경력을 요구한다. 일반자격증의 경우 평균 60

점 이상의 절대 평가이다. 물론 합격자를 조절하기 위해 문제 난이도를 조정한다. 감리사의 경우 인원수를 조정하는 상대 평가이다. 자격증으로 예를 들었지만, 좀 더 가치 있는 것들은 끈질기게 매달려야 하는 게 대부분이다. 가치 있는 것들은 쉽게 오지 않는다. 혹은 누군가 시간을 들여 끈질기게 만들어놓은 것들을 우리는 가치에 대한 대가를 지불하고 사기도 한다. 주로 명품제품이 그렇다. 개인 마케팅 수단으로 명품이 활용된다. 끌어당김의 법칙으로 사람들 시선을 주목하게 한다. 사람들은 명품의 가치와 그 사람의 가치를 착각하기도 한다. 우리가 느껴야 할 부분은 시간과 끊임없는 노력의 가치이다. 시간과 반복의 가치는 생활 어디에나 있다. 알베르트 아인슈타인은 "복리야말로 인간의 가장 위대한 발명"이라고 말했다.

요즘 인터넷에 '유지어터'라는 용어가 있다. 네이버를 검색해보면, "유지하다의 '유'와 다이어터의 '이어터'를 합성한 말로, 체중 감량을 달성한 뒤의 상태를 유지하고 있는 사람들을 뜻한다."라고 설명되어 있다. 가장 좋은 습관은 '습관 만들기'를 습관화하는 것이다. 습관 만들기에 한참 열 올리고 있을 때 내가 쓴 일기장을 들춰보니 재밌다. "습관의 가짓수가 20개가 넘어가고 있다. 몇 개는 하지 못하고 넘어간다. 운동은 아침 헬스와 달리기를 하고 있다."라고 되어 있다. 20개의 습관이 모두 행동 습관은 아니다. 생각하는 습관도 있다. 그리고 몇 분이면 완료하는 습관들도 많다.

습관을 유지하는 스킬 몇 가지를 소개한다.

첫째, 일단 실행하기 쉽게 세부적으로 쪼갠다. 내 습관이 20개까지 늘어난 이유는 쪼개기를 해서이다. 주말 청소를 예를 들어 보겠다. 주말 청소 습관을 쪼개면 '빨래-정리정돈-청소기-설거지-분리수거-자동차 정리'와 같이 6가지이다.

익숙해지면 합치면 된다. 만들 때 의식적으로 여섯 가지로 만든 것은 아니었다. 심리 코칭을 공부하다 보니, 사람의 현재 의식은 한 번에 7~9가지 정도밖에 생각하지 못한다는 것을 알게 되었다. 하나의 카테고리에 너무 많이 집어넣으면 헷갈린다.

"이게 뭐가 습관이야? 당연한 거 아냐?"라고 하시는 분도 계시겠다. 나는 여러 가지 마음의 병을 가졌었다. 누구나 할 수 있는 청소를 한 호흡으로 하지 못했다. 빨래는 어쩔 수 없을 때만 하는 것이었다. 방에 머리카락이 잔뜩 굴러다녀야 청소기를 억지로 돌렸다. 그래서 습관앱(App)에 청소 항목을 나눠서 토·일로 나눠서 하기도 하였다.

둘째, 실행하는 주기별로 카테고리를 나눈다. 나의 경우는 수시, 1일 주기, 주말 등으로 구분하였다. 수시 트레이닝 항목에는 긍정트레이닝이 있다. 마음의 병이 있는 사람은 일상적으로 트레이닝을 해줘야 한다. 나의 경험으로는 트라우마는 완전히 없어지지 않는다. 각종 긍정 트레이닝으로 마음을 계속 관리해줘야 한다. 구체적인 긍정 트레이닝 방법은 4장에서 심도 있게 다룬다.

하루 주기 습관으로는 아침 먹기, 운동하기, 일기 쓰기 등이 있다. 운동 습관은 어떻게 보면 직장인들의 꿈이다. 3-2장에서 야근 많은 직장인이 운동을 할 수 있는 비법에 대해 설명하겠다.

주말 습관으로는 볼링, 낮잠 안 자기, 청소 등이 있다. 주말을 잘 보내려면, 평일도 잘 보내야 한다. 예를 들면 토요일 아침에 등산가는 사람은 금요일 저녁을 잘 보낸다. 3-7장에서 주말을 잘 맞이하는 원리를 자세히 설명한다.

셋째, 하지 않아야 하는 것도 습관앱(App)에 추가한다. 나에게는 대표적인 항목이 '퇴근길에 맥주 사지 않기'였다. 늦게 퇴근하다 보니 끼니를 거르는 경우가 많았다. 나의 경우는 배가 고프면 뇌가 '밥 먹고 싶은 생각'과 '술 먹고 싶은 생각'을 착각했다. 밥을 제때 먹으면 술 먹을 일도 줄어든다. 편의점에 가서 맥주를 사지 않으면, 습관앱에 하트를 추가할 수 있다. 당신도 하트를 더하는 행복을 느껴보길 바란다. 신체적, 정신적으로 중독이 더 심한 담배는 이 방법 정도로 끝나지 않는다. 마음, 행동적으로 트레이닝이 더 동반되어야 한다.

좋은 습관 '유지어터'가 되기 위해서는 주기적인 삶의 우선순위 조정도 필요하다. 달리기가 내 인생에 우선순위가 가장 높을 때의 일이다. 장거리 달리기를 하기 위해서는 2~3일 전부터 컨디션 조절이 필요하다. 그리고 부상 방지 차원에서도 근력 운동을 병행하는 것이 좋다. 입는 것, 먹는 것, 쉬는 것 등 모두 달리기에 맞춰서 조정된다.

'유지어터'가 되기로 마음먹으면 용기도 덤으로 얻는다. 어떻게든 되는 쪽으로 생각한다. 달리기를 해야 하는데 며칠째 계속 비가 왔다. 네덜란드 속담에 이런 말이 있다. "비에 젖은 자는 비를 두려워하지 않는다." 비 오는 날 달리기로 마음먹었다. 유튜브를 보니 비가 오는 날 달리는 사람이 많았다. 나도 할 수 있다고 생각했다. 조금만 용기를 내면 되는 일이다. 비 오는 날 달리기를 하면 정신력이 강해진다. 자신에게 떳떳할 수 있다.

우연히 습관에 관련된 책들을 접하게 되었다. 책의 내용을 체득해갔다. 14일이 되는 시점에 내 숨소리가 느껴졌다. 뭔가 가슴에서 끓어오르는 것들이 느껴졌다. 21일이 흐른 시점이었다. 거짓말같이 청소년 때도 가지지 못했던 자존감, 체력, 정신력, 행복감까지 한꺼번에 다 갖게 되었다. 그게 내가 습관에 관한 책을 쓰게 된 동기다.

21일 반복 후에는 리듬과 패턴을 바꿔가며 습관을 변형해야 질리지 않는다. 습관의 반복 속에 커뮤니케이션, 시간 관리, 우선 순위조정, 회복 탄력성 등을 추가하면 누구나 에너지 넘치고 행복한 삶을 살아갈 수 있다고 자신한다.

관점을 일상에서 인생으로 바꿔라

나는 담배를 끊었다. 그러나 끊기 전에 담배를 꽤 오랜 기간 피웠었다. 중학교 때부터 흡연을 시작했다. 나의 청소년기는 1장에서 다뤘기 때문에 다시 다루지 않는다. 나는 담배 끊지 못하는 사람의 마음을 잘 안다. 주, 월, 년 단위로 끊었다가 다시 피우기를 반복하였다. 전자담배(액상형, 궐련형)도 두루두루 피웠다. 전자담배를 피우는 사람은 결국 연초와 전자담배를 같이 피우게 된다. 연초는 밖에서 피고, 차나 집에서는 전자담배를 핀다. 담배를 단계적으로 끊기 위해 담배를 바꿀 생각이라면, 먼저 바꾼 사람에게 물어봐라. 한 명이라도 담배를 끊게 하고 싶은 마음으로 악담을 써봤다.

기사에 따르면 "담배제품을 하나라도 사용하는 담배제품 현재사용률은 남자 39.7%, 여자 7.5%였다."라고 나와 있다. 몇 해 전의 담배 인구 통계를 봤다. 남자의 경우 45% 정도이다. 담배 인구가 줄어드는 것은 좋은 소식이다. 흡연 인구는 계속 줄어드는 추세다. 남이 하면 당신도 할 수 있다.

(참고 : 〈뉴시스〉 "남성 흡연율 역대 최저…30대 男 비만, 70대 이상 고혈압·당뇨 많아", 2020.12.30.)

혹시 당신은 금연 생각이 있는가? 혹은 주변 사람의 담배 인생은 어떤가? 담배 끊기 싫은 사람의 마음은 2가지 정도로 분류할 수 있다고 생각한다.

첫째, 금연 도전 후 실패한 사례다. "지금은 일이 더 중요하다. 좌절감을 맛볼 시기가 아니다."라고 생각할 것이다. 이미 금연에 겁먹고 있다. 다시 피우면서 스트레스 받을 일이 무서운 것이다. 나는 금연을 하지 못하는 상황을 누구보다 잘 안다. 그래서 줄이거나, 바꾸거나 하는 방법으로는 해결하지 못한다는 것도 잘 알고 있다. 계속 이렇게 미룰 수 없다. 주변 상황이 나아지기를 계속 기다릴 수는 없다. 용기를 내시길 바란다.

둘째, 순간의 위안을 얻을 대상이 필요하다. 담배를 게임 속 아이템인 '스팀팩'으로 비유하기도 한다. 스팀팩의 모티브는 2차 세계대전에서 병사들에게 사용된 마약 성분이다. 신체적, 정신적으로 담배는 술보다 중독이 더 심하다.

남성 흡연율은 40대가 가장 높다. 성인 남성이 삶이 힘들다고 40대에 처음 담배를 피운 것일까? 내 생각엔 아니다. 20대 시절부터 피웠던 담배를 끊지 못했거나, 끊었다가 다시 피우고 있을 것이다. 드리고 싶은 이야기가 있다. 삶이 힘들게 느껴지는가? 삶이 힘들다고 동료가 주는 담배를 받지 마라. 입에 담배를 물고, 불만 당기면 되는 시시한 짓을 하지 마라. 담배를 피우는 순간은 일상이지만, 당신의 인생 전체에 나쁜 영향을 줄 확률이 높다. 담배를 쉽게 배우는 것에 비해 끊는 데 필요한 노력은 백배 천배이다. 주변에 아이가 태어나도 아빠들이 몰래 담배를 피우는 경우가 많다. 그만큼 금연은 힘들다. 나는 하루에 담배를 10개비 정도 피웠다. 담배 한 개비에 5분을 잡아도, 하루에 최소 1시간을 담배 피우는 데 써야 했다. 다시 한번 얘기한다. 당신의 현재 흡연 습관은 평생을 좌우할 수도 있다. 시간을 늘려서 생각해보자.

우선 금연은 주위환경에 영향을 많이 받는 편이다. 금연이 쉽지는 않았다. 회사 팀원 전원이 담배를 피우는 경우도 있었다. 그런 경우 직장동료의 야유까지 받아야 했다. 담배 피우는 환경이 자연스러우면 피우지 않는 사람이 이상해진다. 원래부터 담배를 피우지 않던 사람은 상관이 없다. 하지만 담배를 피우던 사람이 금연하면 거북한 농담을 듣곤 한다.

나의 금연 노하우를 가르쳐드리겠다.

첫째, 최대한 담배와 떨어진 환경을 만든다. 코로나 시대는 우리가 겪어보지 못한 힘든 환경이다. 그러나 개인의 능력을 키우는 데 최적화된 시간이라고 볼 수도 있다. 담배 피우는 사람을 만나지 않을 수 있는 좋은 시절이다. 흡연장이 있는 곳에 가지 않는다. 흡연장을 거치지 않을 수 있는 길이 있으면, 그 길을 돌아서 간다. 연초를 피우는 사람이라면 라이터까지 모두 버려야 한다. 전자담배 기기는 미련 없이 팔든지 버린다.

둘째, 금연좌우명을 만든다. 내가 만들었던 금연좌우명 몇 개만 소개한다. 담배를 삶의 모든 면과 연결해보길 바란다. 100가지 정도 만들어보면 좋다. 흡연은 단 한 가지도 내 삶에 도움이 되는 것이 없다.

"나는 남자다움을 위해 담배를 피우지 않는다."

"나는 피우기 싫기 때문에 담배를 피우지 않는다."

"나는 결심했으므로 담배를 피우지 않는다."

"나는 다른 사람의 인생을 바꾸는 사람이므로, 담배를 피우지 않는다."

"나는 좋은 글을 위해 담배를 피우지 않는다."

"나는 달리기를 위해 담배를 피우지 않는다."

"나는 환한 미소를 위해 담배를 피우지 않는다."

"나는 좋은 치아를 위해 담배를 피우지 않는다."

셋째, 흡연 대체 습관을 만든다. 흡연 대신 물 혹은 차 마시기를 추천한다. 될 수 있으면 뜨거운 차를 마신다. 뜨거운 차는 천천히 마실 수밖에 없다. 차를 천천히 마시면서 담배 생각을 천천히 날려버린다. 담배 대신 사탕 먹기는 추천하지 않는다.

넷째, 담배 피우는 사람을 만났을 때의 상황을 연습한다. 어떻게 대처할지 생각만 해도 도움이 된다. 하지만 대사까지 만들어서 생생하게 연습해야 효과가 더 크다. 대화의 예는 다음과 같다. 자주 만나지 않는 사람은 재치로 부드럽게 넘어간다.

방해자 : "ㅇ과장, 오랜만이야. 담배 끊었어? 스트레스 받지 말고 그냥 한 대 피우지?"

금연자 : "건강검진을 받아야 하는데, 지난번 결과가 좀 그래서요. 단기간이라도 담배를 피우지 말아야 해서요. 혹시 김 차장님, 건강검진 최근에 받으셨어요?"

상대방 건강에 초점을 돌린다. 내 건강도 챙기고, 상대방 건강도 챙겨준다. 일석이조이다. 매일 대면하는 사람과의 대화는 좀 다르다. 최대한 흡연하는 자리를 피한다. 옥상이 흡연장인 경우, 옥상에서 이야기하자는 경우가 종종 있다. 마음의 준비를 하자. 대화 패턴은 항상 유사하다.

방해자 : "ㅇ과장, 담배 안 피우네. 담배 없어? 줄까?"

금연자 : "담배 끊었습니다."

방해자 : "어? 특별한 이유라도?"

키 포인트는 "끊으려구요."가 아니라 "끊었습니다."이다. 그리고는 연습했던 멘트를 그대로 한다. 탈모, 정력, 피부, 치과, 가족, 병원 등으로 할 얘기가 많다.

금연은 자기암시를 병행하면 좋은데 원리는 간단하다. "잠들기 전에 좋은 생각을 하라."라는 말을 알 것이다. 반대로 응용하면 된다. 담배를 온갖 더러운 것과 연결하면 된다. 사실 상상이 아니다. 담배는 온갖 더러운 것 그 자체이다.

직장동료와 술을 마시면 몇 시간을 마시는가? 개인적으로 우리나라 문화 중에 제일 싫어하는 문화가 술을 오래 마시는 문화이다. 20년 넘게 술을 마셨지만, 아직 적응이 안 된다. 술자리에서 나누는 대화가 의미가 있고 없고를 따지는 것이 아니다. 밥이든 술이든 소통할 수 있는 자리는, 그 자리 자체만으로도 의미가 있다고 생각한다. 그러나 개인적인 생각으로 자리가 길어지면 시간이 아깝다. 술을 마시면 술 마시는 시간만 잡으면 안 된다. 직장인들의 술자리는 보통 2차까지 간다.

1차는 밥과 술을 같이 하는 자리가 흔하다. 2차는 맥주 한잔하는 게 보통이다. 오후 6시 퇴근하는 사람이 보통이라고 치겠다. 술자리는 보통 7

시 정도에 시작이다. 2차까지 마치고, 집에 와서 씻으면 보통 11시가 넘는다. 부서 팀장이 말이 많은 경우는, 재미없는 토크쇼를 4시간 정도 강제로 봐야 한다. TV 토크쇼는 정보와 교훈을 담으려 한다. 직장인 토크는 그렇지 못한 경우가 더 많은 듯하다. 술을 마시면 다음날에도 영향이 있다. 운동한다 해도 강도를 낮춰 회복훈련을 해야 한다.

이처럼 나쁜 습관은 관점을 일상에서 인생으로 바꿔서 볼 필요도 있다. 담배 피우는 사람의 마음을 누구보다 잘 안다. 그리고 끊으려고 애쓰고 있는 당신의 마음도 잘 안다.

"당장 못 끊는 상황이라면, 끊을 마음의 준비를 하자. 시기를 정하자. 다시 돌아가지 않도록, 작전을 잘 짜자."

습관은 다른 인생으로 가는 지름길이다

'이전과 다른 인생을 살게 되다.'라는 주제는 미디어에서 흔히 볼 수 있는 소재이다. 나도 특별한 체험을 하고 이전과는 다른 인생을 살게 되었다고 생각한다. 이전과는 다른 인생을 사는 사람들의 공통점이 있다. 인생이 바닥을 치거나, 죽다 살아난 사람들이다. 혹은 어떠한 계기로 생각이 달라진 사람들이다. 물론 그 깨달음은 각기 다르다.

찾아본 것 중에 '이전과 다른 인생을 살게 되다'와 관련성이 깊은 것은 '부모님이 주신 사랑'을 깨닫는 것이었다. 이는 회복탄력성과도 깊게 연관된다. 회복탄력성은 3-4장에서 다시 이야기할 것이다. 환경이나 주변 사람이 바뀌면서 자연스레 바뀌는 경우도 많다. 결혼, 이사 등이 대표적이다. 그래서인지 '대운'을 검색해보면, 환경 변화에 대한 항목은 항상 있다.

위에 해당 항목이 없는 사람 중 인생을 바꾸어보고 싶은 사람은 어떻게 해야 할까? 나의 경우는 습관에서 답을 찾았다고 생각한다. 내가 처음부터 "인생을 습관으로 바꿔보겠다."라고 생각한 건 아니다. 나의 절실함이 '습관'에 관한 책들에 매달리게 했고, 실행하게 했다. 어느새 뒤돌아보니 나는 행동, 말, 정서, 생각이 바뀌어 있었다. "나는 절실함이 없어." 라고 생각하는 사람도 있을 것이다.

"절실함을 어디서 찾지?"라고 생각하는 것 자체가 절실한 것이라고 생각한다. 나는 실행에 집중하면 누구나 다른 인생을 살아볼 수 있다고 생각한다.

습관에 관한 책들이 공통적으로 하는 이야기가 있다. 그것은 작은 습관에 관한 것이다. 다른 인생이란 무엇인가? 마라톤 완주가 다른 인생이 아니다. 어제보다 30초 더 뛸 수 있는 것이 다른 인생이다. 바디프로필 찍을 수 있는 몸매가 완성되어야 다른 인생이 아니다. 회식을 뿌리치고 헬스장에 도착한 당신의 인생이 다른 인생이다. 하기만 하면 되는데 왜 우리는 하지 못하는 걸까?

나는 행동력과 관련하여 GRAY(그레이)의 노래 〈하기나 해 (Feat. Loco)〉를 좋아한다.

가사를 잠시 살펴보자. 가사에 통찰력이 있다. 꼭 한번 노래를 들어보길 바란다.

"길지 않은 시간 안에 많은 것을 이뤄냈지 간절하게 원하는 걸 (중략) 하기나 해 그냥 하기나 해 뭐든지 걱정만 많으면 잘될 것도 되다가 안되니까 그냥 하기나 해"

가오위안의 저서『하버드 행동력 수업』에서는 행동을 가로막는 요소를 '정보과부하', '부정적 생각', '완벽주의', '미루는 습관', '두려움'등의 5가지로 설명하고 있다.

나는 '행동을 가로막는 5가지 항목'의 책의 사례에 나의 사례를 대입해 보기로 하였다. 항목의 제목 5가지는 그대로 표기한다. 독자 분들도 항목에 각자의 사례를 대입해 보면 자신의 습관을 이해하는 데 도움이 될 듯하다.

첫째, '정보과부하—넘치는 정보로 결정장애에 빠진다.' 나는 오랜 시간 쓸데없는 '정보삭제'를 미루는 습관이 있었다. 대표적으로 문자, 카톡을 지우지 못했다. 내가 만약 문자, 카톡들이 정보라고 생각했다면 사용 빈도별로 따로 정리했어야 했다. 방의 정리 상태와 마음의 정리 상태가 같다는 이야기를 들어봤을 것이다. 개인적으로 문자, 카톡, 스마트폰 바탕화면 등도 마음 정리 상태와 비슷하다고 본다.

문자를 삭제할 때 마인드 컨트롤에 도움이 될 만한 팁을 드린다. 나는 문자를 삭제할 때, 다음과 같이 생각한다. "감사합니다. 나는 성공했습니다." 스팸 정리의 귀찮음을 긍정적 에너지로 전환하는 것이다.

둘째, '부정적 생각-근거 없는 억측이 망상을 부추긴다.' 나는 직장생활을 정리할 때 며칠 정도 고민에 빠졌다. "다른 직장에서 연봉도 올려준다는데, 다른 직장을 다녀야 하는 거 아닐까? 아니야 꿈이 있잖아. 꿈을 언제까지 미룰 거야?" 머릿속에서 양쪽 의견이 싸우고 있었다. 산책하기 위해 집을 빠져나왔다.

셋째, '완벽주의-목표가 너무 높아서 일을 그르친다.', '마이페이스'라는 단어가 있다. 멈추지 않고 달릴 수 있는 자신만의 페이스를 일컫는 말이다. 글쓰기가 잘되는 날이 있다. 글이 잘 써지는 날 밤새는 경우가 종종 있다. 그러나 밤을 새우면 컨디션이 망가진다. 남들이 뭐래도 자신만의 스타일로 해나가야 한다. 물론 밤을 새우고, 다음날 쉬는 게 맞는 분들은 그렇게 하면 된다.

넷째, '미루는 습관-핑계를 찾다 보면 실패에 이른다.' 누구도 계획된 모든 일을 다 할 수는 없다. 그래서 우선순위를 정해서 중요한 일부터 하는 게 보통이다. 일상생활을 우선순위까지 매기기는 벅찬 부분이 있다. 우선 구글 캘린더 등을 통해 하루 일과를 쭉 기록한다. 며칠만 해보면 내가 무엇을 미루고 있는지 알 수 있다. 습관 만들기에 도움 되는 앱(App) 사용법은 4-4장에서 상세히 설명할 것이다.

다섯째, '두려움-미래를 비관하여 쉽게 포기한다.' 나는 과거에 부정적 생각이 팽배했었다. 부정적 기운이 끝을 달릴 때는 한동안 이렇게 생각한 적도 있다.

"안될 거야. 최대한 아무것도 하지 말자. 뭔가 하면 망쳐버릴 거야."라며, 한두 가지 좋지 못한 상황을 모든 일에 묶어버렸다. 용기가 없는 사람은 없다. 다만, 과거의 아픈 기억들에 가려져 있을 뿐이다. 다시 용기내는 법을 배워야 한다. 습관으로 용기를 배울 수 있다. 아무렇지 않게 해내는 나와 다시 마주할 수 있다.

나는 1-3장, 2-2장에서 습관으로 용기를 키우는 방법 2가지를 소개하고 있다. 다시 정리해보면 다음과 같다.

첫째, 아주 사소한 일들이 정말 어렵다. 예를 들면 '호감 가는 사람에게 말 걸기', '집에서 나가기', '먼저 인사하기', '음식 메뉴 내가 정하기' 등이다. 평소에 사소하게 선택할 수 있는 것들을 과감하게 선택한다. 당연하게 부정적인 일은 일어나지 않는다. 사소한 선택을 했다면, 마음속으로 말한다. "와! 어제와 다르게 결단력 있는 선택을 했구나!" 하고 말이다. 의식적으로 해야 도움이 된다. 자기 전에 하루를 되돌려본다. 사소한 일이라도 용기 있는 선택을 했다면 셀프 칭찬한다. 작은 용기들이 복리로 쌓이면 행동으로 연결된다.

둘째, 작은 목표를 정하고, 무조건 되는 쪽으로 생각한다. 상황이 여의치 않더라도 어떻게라도 하는 쪽으로 초점을 맞춘다. 예를 들어 목표가 매일 달리기인 사람이 있다. 일요일에 달려야 하는데 비가 온다. 일요일이면 헬스클럽도 휴일이다. 무조건 되는 쪽으로 생각하면 어떻게 해야 할까? 무조건 되는 쪽으로 생각하면, 미친 척하고 비 오는 날 달리기를 해보는 것이다. 결과는 독자의 예상대로이다. 특별한 일은 일어나지 않는다. 그러나 뿌듯함과 용기는 내 잠재의식 속에 스며든다. 옷은 세탁기에 신발은 빨래방에 맡기면 끝이다. 우리는 인식하지 못한 사이에 달라져 있다. 언제든 비 맞는 정도는 즐기면서 달릴 수 있는 사람으로 변해 있다.

좋은 습관을 만들다 보면, 좋은 습관을 가진 사람들이 눈에 보인다. 세상이 달라 보이는 것이다. 독자님은 버스정류장에 서 있는 사람들의 표정을 유심히 본 적 있는가? 유심히 보면 거의 무표정인 것을 알 수 있다. 내가 한참 미소 짓기 습관에 몰두하며 에너지를 끌어올릴 때의 일이다. 독자분 중에 우울한 사람이 있다면, 마스크 안의 입을 의식적으로 웃는 연습을 해보길 바란다. 며칠만 해도 기분이 전환됨을 느낄 수 있다. 자세한 트레이닝법은 5-7장에서 다시 다룬다.

새벽 기상 습관에 몰두할 때의 일이다. 그 시간에 일어나서 마주하는 사람들의 삶이 달라 보였다. 새벽마다 마당을 쓸고 있는 어르신의 인생이 아름다워 보였다.

이어폰에서 '멜로망스'의 〈선물〉이라는 노래가 들려왔다.

"남의 얘기 같던 설레는 일들이 내게 일어나고 있어 나에게만 준비된 선물 같아 자그마한 모든 게 커져만 가"

습관을 알게 되면 나 자신을 알게 된다

우울하고 무기력한 ○○과장의 금요일을 보자.

아침이면 최후의 1분까지 버티다가 일어난다. 회사라도 다니는 게 정말 다행이다. 억지로라도 갈 수 있는 곳이 없으면 폐인이 되었을 것이다. 시간이 부족해도 맛깔나게 담배는 한 대 피운다. 시간이 부족하다 대충 씻어야 한다. 아침밥은 먹어본 지 백만 년 되었다. 가끔 차에서 아침 대신 빵을 먹는다. 그래서 그런지 차의 청소상태가 엉망이다. 오늘도 어김없이 도로는 막힌다. 출근하자마자 퇴근하고 싶어진다. 오늘도 야근이다. 나를 위해 무엇을 해볼 수가 없다. 내 인생의 어두운 터널은 언제 끝날까? 어떻게 금요일까지 버텨냈다. 세상만사 다 귀찮다. 늘어지고 싶다. 나는 집돌이라고 생각한다. 치맥에 넷플릭스가 답이다. 토요일엔 늘어지게 잠이나 자야겠다.

우울하고 무기력한 ○○과장의 습관을 살펴보자. 아침에 늦게 일어난다. 담배를 피운다. 차의 청소를 미룬다. 쉬고 싶을 때 술을 마신다. 미디어에 중독되어 있다. 인생의 목표가 없다. 목표는 둘째 치고 인생에 희망이 없다. 부정적이며 혼자 있는 게 편하다고 생각한다.

에너지 넘치는 ○과장의 금요일을 보자.

아침밥을 며칠 먹어보니 기분이 좋다. 출근 시간도 좀 여유가 생겼다. 야근이 많아서 저녁에 운동하기가 쉽지 않다. 어떻게든 운동을 하고 싶었다. 그래서 아침마다 운동하기로 결정했다. 아침 7시에 헬스클럽이 문을 연다. 회사 근처 헬스클럽에 등록했다. 운동 후 출근해도 30분에서 1시간 일찍 출근한다. 운동 덕분에 자신감이 점점 늘어난다. 담배도 끊을 수 있다는 자신감이 생긴다. 아침에 이메일 확인 시간, 일정 정리 시간이 늘어나니 한결 마음이 편하다. 회사 일정뿐만 아니라, 개인적으로 챙겨야 할 일들도 정리가 잘 된다. 이번 주 토요일은 친구와 등산을 하기로 했다. 토요일에 등산하려면 금요일 컨디션 조절이 필수이다. 운동이 취미가 되니, 넷플릭스를 보는 게 돈이 아까워졌다. 머리도 맑아지고, 개인 공부도 하고 싶어진다.

에너지 넘치는 ○과장의 습관을 보자. 일찍 일어나서 아침을 먹는다. 일찍 일어나는 습관은 아침 운동과 연결된다. 아침 운동을 하며 활력을 얻고, 출근 후 아침 시간 활용이 자동으로 된다. 주말 아침에 운동하는 습관이 있다. 주말에 운동하니 평일도 관리가 된다. 긍정적으로 생각하며 희망을 가지고 산다.

눈치가 빠른 분이시면 아실 것이다. 나의 이야기다. 그것도 단 몇 개월 만에 일어난 일이다. 물론 난 절실했다. 마음의 병을 인생에서 세 번이나 겪었다. 나의 경우에는 마음의 병이 외부적인 요인과 함께 왔다. 물론 내부적으로 마음의 병을 폭발하게 만들 수 있는 요인들을 항상 안고 살았다: 마음이 힘드신 분에게는 일기가 도움이 된다. 소설처럼 쓸 필요 없다.

위의 내용처럼 하루 습관을 점검하며 일기를 써보길 바란다. 현재의 나 자신을 알게 된다. 현재의 나 자신을 알면 가까운 나의 과거와 미래를 알 수 있다. 그래서 우리는 인스타 친구의 일상을 살펴보면 그 사람의 가까운 과거와 미래를 알 수 있다. 오해는 하지 말자. 인스타는 삶의 단면적인 모습일 뿐이다. 그리고 마케팅적 요소가 크기 때문에, 의도적으로 보이고 싶은 사진을 올린다는 것도 잊어서는 안 된다. 일기 쓰기는 2-8 장에서 다시 다룰 것이다.

자신의 취미에 대해 생각해본 적 있는가? 자신의 과거 취미와 현재 취미를 비교해보길 바란다. 자신이 어떻게 바뀌고 있는지 알게 된다. 혹은 우연한 계기로 취미가 바뀌어서 사람이 바뀌기도 한다. 알이 먼저냐 닭이 먼저냐는 중요하지 않다.

　나의 현재 운동 취미는 개인의 시간과 효율성을 극대화하는 데 맞게 바뀌어 있다. 과거의 운동 습관은 등산과 볼링이었다. 현재의 운동 취미는 헬스와 달리기이다. 약속을 잡지 않고 바로 할 수 있는 운동으로 바뀐 것이다. 투자 시간 대비 에너지를 크게 얻을 수 있는 개인 운동 위주이다.

　음악 듣기 취미는 듣는 장르가 바뀌었다. 과거에는 록·힙합 등 강한 장르의 음악을 들었다. 최근에는 주로 긍정적인 가사가 담긴 곡들 위주로 듣는다.

　"내 인생곡은 OOO이다."라는 말을 들어봤을 것이다. 인생 곡 한 곡쯤 없는 사람은 없다.

　연인과 이별 후 슬픔을 달래기 위해 음악을 듣기도 한다. 이별하고 노래 들으면 모든 노래가 내 노래 같다. 이제는 음악을 들으며, 긍정적인 에너지를 충전해보자. 대표적인 몇 곡을 소개한다. 가사를 음미하면서 들어보길 바란다.

　김동률의 〈감사〉: 감사한 마음을 가질 때 사람의 심장박동수가 가장 일정하다고 알려져 있다.

　권진원의 〈나란히 걸어갑니다〉: 자신에 대한 미움이 있는 분은 꼭 듣길 바란다.

인순이의 〈행복〉 : 대놓고 행복을 불러오신다.

팔로알토의 〈ENERGY〉 : 놀라운 가사가 숨어 있는 곡이다.

버벌진트의 〈긍정의 힘〉 : 흥겨운 멜로디지만 긍정에 대한 통찰력이 있는 곡이다.

한동근의 〈그대라는 사치〉 : 자신을 가사에 대입해보길 바란다.

카더가든의 〈그대 나를 일으켜주면〉 : 당신은 혼자가 아니다.

장사익의 〈반갑고 고맙고 기쁘다〉 : 당신의 존재를 느껴보길 바란다.

방탄소년단의 〈Best of Me〉 : 자신을 가사에 대입해보길 바란다.

유정석의 〈질풍가도〉 : 대표적 응원가이다. 주먹이 불끈 쥐어진다.

윤종신의 〈Slow Starter〉 : 윤종신 님의 자전적 노래라서 더 감동적이다.

박효신의 〈Shine Your Light〉 : 자신을 가사에 대입해보길 바란다.

'긍정 음악 듣기'를 추천하는 데는 개인적 이유도 있다. 세 번째 마음의 병을 맞이하던 시기였다. 내가 만든 좋은 습관 중 하나가, 마음에 위로와 힘이 될 수 있는 긍정적인 음악을 듣는 것이었다. 나는 종교가 없다. 종교가 없음에도 영성을 느낄 수 있었다. 그 과정에 '긍정 음악 듣기'가 있었다고 생각한다. 이 곡들은 언제 들어도 가슴에 울림이 있다.

그렉 브레이든 저자의 『1700년 동안 숨겨진 절대 기도의 비밀』이라는 책의 내용을 소개한다. 저자가 티베트 고원의 수도원 주지 스님과 나눈

대화의 일부분이다.

"당신은 우리의 기도를 본 적이 없습니다. 기도는 눈에 보이지 않기 때문이지요."

주지 스님은 발밑의 두꺼운 양모 승복을 바로잡고 나서 덧붙였다.

"당신은 우리가 우리 몸속에 느낌의 감정을 불러일으키기 위해 하는 행동을 본 것뿐입니다. 느낌이 곧 기도이지요!"

영성은 개인적이고 주관적 경험이다. 영성이 아니더라도 어떻게 개인적 차원에서 긍정적인 에너지를 끌어올릴지 생각해보면 좋을 것 같다.

마음이 힘든 시기에 뭐에 홀린 듯 행복, 도전, 희망, 긍정, 사랑, 감사, 응원, 확신, 걸음(도전에 대한 과정), 자신감 등의 키워드로 약 300곡 이상 리스트로 만들었다. 나머지 곡들은 운영 중인 네이버 카페에 틈틈이 올릴 예정이다.

살펴본 것과 같이 자신의 습관, 취미를 알면 최근의 자신에 대해 좀 더 객관적인 시각을 가질 수 있다. 우리는 부모, 친구, 직장동료, 미디어 등에서 많은 정보를 받는다. 그리고 정보들을 여과 없이 받아들이는 경향이 있다. 정보를 여과 없이 받아들이면 마치 자신이 판단한 것 같은 생각이 만들어진다. 생각이 행동으로 옮겨지고, 행동이 습관이 된다. 그 습관이 좋은 것이면 상관없지만, 부정적이고 본인의 꿈과 무관하다면 시간을 낭비하게 될 수도 있다.

우연히 인스타를 하다가 '감성글'이라는 키워드가 보였다. 왜 우리는 감성글 인스타를 팔로우할까? 아마도 나는 '위로받을 수 있는 글들이 많다는 생각'에 팔로잉했던 것 같다. 어느 날 문득 이런 생각이 들었다. "혹시 내가 우울한 마음이 감성적인 글로 해소된다고 생각한 것인가?"

책『우울할 땐 뇌과학』에서 저자 '알렉스 코브'는 습관에 관해 아래와 같이 이야기하고 있다. '뇌는 나쁜 습관과 좋은 습관을 구분하지 않는다.'라는 단락의 글이다.

"우리는 대부분 의식적인 의도에 따라 행위 한다고 생각하는 경향이 있다. (중략) 한마디로 습관이라는 말이다. 우울증 상태일 때는 특히 더 그렇다. 그리고 안타깝게도 사람들을 우울증에 빠뜨리는 습관이 그들을 우울증에서 빼내줄 가능성은 별로 없다."

06

넷플릭스가 좋으면서도 기분 나쁜 이유

나는 정말 많은 것에 중독된 경험이 있다. 담배, 술, 유흥업소, 인터넷 커뮤니티, 미디어 등이다. 마약이 흔한 곳에 살았으면 어떻게 되었을지 생각하기도 싫다. 마음은 멀쩡하지 못했지만, 남 보기에 멀쩡해 보이게 살아야 한다는 생각이 강했다. 그래서 평범한 사람을 꿈꾼 듯하다. 다행히도 나는 폐인 직전까지만 갔다. 다행히도 나는 게임에는 심하게 중독되지 않았다. 게임을 잘하지 못해서 다행이다.

나의 10대 후반과 20대 초반 시절은 인터넷게임 업계가 불붙는 시기였다. 주변에 게임 폐인이 정말 많았다. 디아블로, 리니지, 스타크래프트 폐인 찾기는 정말 쉬웠다. 20대 초반에 공장에서 아르바이트를 할 때의 일이다. 동료 중에 유명한 대학교의 건축과를 다녔던 형이 있었다. 게임 때문에 휴학했다고 한다. 그때 그 형의 말을 빌리자면 이렇다.

"수업도 빼먹고 게임을 했어. 정신 차려보니 6개월이나 지났더라구."

나의 인터넷 커뮤니티 중독은 2가지였다. 20대 초반에는 음악커뮤니티 중독이었다. 록음악 동호회에 가입하였다. 새벽까지 잠을 안 자고 카페 활동을 했다. 스트레스 분출구를 찾았던 것 같다. 주말이면 공연장을 찾아다녔다. 음악 마니아 활동은 좋은 취미 중 하나이긴 하다. 그러나 자신도 모르는 사이에 시간을 과도하게 뺏긴다. 20대 초반의 록음악 동호회 활동은 20대 중반 바쁜 학교생활로 자연스레 정리가 되었다.

또 다른 커뮤니티 중독은 '정치 커뮤니티'였다. 개인적으로 누구나 조금씩 "정치적으로 생각할 수 있는 힘"이 있어야 한다고 생각한다. 그리고 정치에 관심을 가지지 않으면 최악의 사람들에게 지배당하게 된다고 생각하기도 한다. 그래서 "정치는 최악을 피하기 위해 차악을 선택해 나가는 과정이다."라는 말도 있나 보다. 우리가 누리는 보편적 가치도 정치에 참여하고, 행동한 사람들 덕분이라고 생각한다. 그러나 인터넷 커뮤니티 중독과 마찬가지로, 시간을 너무 빼앗겨버렸다. 내 꿈은 정치가도 사회운동가도 아니었다.

나는 미디어 중독으로 많은 시간을 보냈다. 넷플릭스, 유튜브 등으로 말이다. 미디어 중독자는 나뿐만이 아니었다. 월요일에 출근해서 사람들에게 주말에 뭐 했느냐고 물어보면, 꼭 미드 폐인이 한둘씩은 있었다. OTT(Over The Top-인터넷을 통해 볼 수 있는 TV 서비스)의 특징은 드라마들이 한 편씩 오픈되는 게 아니라 시즌별로 오픈된다. 중독되어 주말에 씻지도 않고, 침대에서 못 일어난 적이 한두 번이 아니다. 중독되어 있는 내가 한심하면서도, 재미있다는 생각이 한심하다는 생각을 가려줘서 계속되었던 것 같다.

개인적으로 OTT를 잘 활용하면 삶에 도움되는 점이 있다고 생각한다. 영어공부를 넷플릭스로 하는 사람들도 있다. 나도 OTT를 통해 다큐멘터리를 꽤 많이 봤다. 다만, 계획한 시간 동안만 OTT를 사용할 수 있는지 생각해봐야 한다. 그리고 미디어들의 무자비한 추천 알고리즘을 내가 피해 갈 수 있을지 생각해보자.

현재 자신의 취미가 내가 진정 좋아하는 게 맞나 생각해볼 필요가 있다. 나는 좋은 습관들로 삶이 채워지자 OTT를 자연스럽게 끊게 되었다. 미디어 중독을 피하기 위해 참아낸 것이 아니다. 나를 사랑하고 나에게 좀 더 집중하는 법을 알게 되었다. 내 삶에 OTT보다 좋은 것들이 들어오게 되면 자연스럽게 해지하게 된다.

당시에는 OTT 해지의 의미를 몰랐다. 단지 뿌듯함만 느껴졌다. 미디어 중독에서 벗어나는 행위가 내 삶에서 무엇을 의미하는지 알 수 없었다. 중독에서 벗어나는 행위는 자신의 삶을 평범함에서 벗어나게 한다. 어제, 지난주, 지난달과 다르게 내 삶에 유익한 선택을 한 것이다.

개인적으로 생각하는 직장인들의 가장 큰 중독은 '월급 중독'이 아닐까 하고 생각해본다. 과거 나는 도전보다는 안정에 모든 초점이 맞추어져 있었다. 나는 IT분야와 공장자동화 기술지원·영업 분야에 10년 이상 몸 담았다. 안정적인 삶을 위해 회사에 다녔음에도, 승진할 때마다 좋은 기분보다는 불안이 몰려왔다. 내가 왜 항상 불안감을 가지고 살았는지는 1장에서 설명하였다. 내가 걸어가야 할 길인, 회사 선배들의 길이 좋아 보이지도 않았다. 사회초년생 시절 IT 개발자로 취직했을 때의 일이다. 타부서 팀장님이 매일 밤을 새웠다. 그리고는 아침에 잠시 눈 붙이고 다시 출근하는 것 같았다. 나도 IT 노동자의 평균을 벗어나진 못했다. 많은 야근에 시달려야 했다. 오해 없으시길 바란다. 직장생활의 부정적인 면만을 이야기하려는 게 아니다. 어떻게 보면 직장인 시절의 나의 모습을 자성하는 것과 같다. 1장에서 밝혔지만, 평범함 삶에 안주하며 살다가 나는 마지막 회사에서 정리해고 당한 바 있다.

나는 '월급에 중독된 삶'이 '평범에 중독된 삶'과 닮은 점이 있다고 생각한다. 할 엘로드의 저서 『미라클 모닝』에서는 '평범함의 위험함'에 대해 다음과 같이 이야기하고 있다.

"미국에서 사회인 100명을 무작위 추출하여 40년을 추적한 결과, 95프로의 사람은 평생 힘겹게 산다고 조사되었다. 부자가 된 사람은 한 명이며, 금전적으로 안정적인 사람은 4명, 36명이 사망했고, 54명은 주변 사람의 도움을 받고 살고 있다."

미국의 조사이긴 하지만, 한국도 사정이 다르지 않다고 생각한다. 게다가 우리나라는 은퇴 후 자식들에게 올인하는 부모님들이 많다. 자식들이 용돈을 주지 않으면, 빈곤층으로 전락하는 고령사회 층이 늘고 있다.

베이비붐 세대 10명중 8명 가까이가 "노후 대비를 제대로 하지 못했다"고 답했다고 한다. (참고 : 〈KBS뉴스〉 "고령사회 '충격'…은퇴하면 빈곤층 전락", 2017.08.01.)

이와 관련하여 슬픈 통계가 또 있다. "통계적으로 부모의 소득이 1% 높아지면 부모와 자녀의 방문 가능성이 2배나 높아진다. 다시 말해 OECD 회원국 중 한국만 유일하게 부모 소득이 높을수록 자녀들이 자주 찾아온다는 것이다."

(참고 : 〈파이내셜리뷰〉 "[김진혁의 돈으로부터의 자유] 부모가 가난할수록 자녀의 방문 횟수가 줄어든다" 2020.06.14.)

이 글을 읽고 직장인들이 오해하는 일은 없길 바란다. 내가 몸담았던 업계로 이야기를 해보겠다. 나는 개인적으로 전산이든 기계공학이든 엔지니어들을 존경한다. 우리나라가 수출 강국이 되고 국력이 이만큼 된 것도 엔지니어들의 피와 땀이 없었으면 불가능했다고 생각한다.

열정으로 똘똘 뭉친 엔지니어들을 보면 경이롭기까지 하다. IT 업계 근무환경도 52시간 도입 등으로 개선되고 있다. IT 업종은 빨리 자리 잡을 수 있는 좋은 직업 중 하나이다. IT 업계의 특징은 사회변화를 빨리 감지할 수 있다는 것이다. 그만큼 발 빠른 비즈니스 일선에서 일할 수 있다는 이야기다. 기술에만 치중하지 말고 비즈니스에도 관심을 가진다면 빨리 성공할 수 있는 분야이기도 하다. 나는 스티브 잡스가 한국에서도 충분히 나올 수 있다고 생각한다.

경마장에 가본 적 있는가? 경마장에 오는 사람은 2가지 부류다. 가족들과 나들이 온 사람들 혹은 도박에 빠진 사람들이다. 경마는 스포츠로 즐겨야 한다. 경마를 도박으로 하는 사람은 티가 난다.

중독에 깊게 빠지면 자신을 객관적으로 보지 못한다. 자기 세계에 빠진다. 씻지도 않고 경마장에 나오신 듯한 분이 종종 있었다. 행색은 말할 것도 없고, 술과 담배에 찌든 냄새가 많이 났다. 그리고 게임 폐인들과는 다르게 눈에서 살기도 느껴졌다. 눈에 초점이 없는 분들도 있었다. 마음 아픈 일이다. 경마공원 한쪽 편에서는 당나귀와 사진을 찍는 가족이 있다. 또 다른 한편에는 충혈된 눈으로 마권을 바라보는 사람들이 있다.

중독에 관한 이번 장을 요약하면 다음과 같다.

첫째, 자신을 사랑하자. 인생에 더 중요한 것들이 생기면 중독은 자연스레 사라지기도 한다. 일반 사람이 중독으로 사회생활을 제대로 하지 못할 정도로 폐인이 되지는 않겠지만, 약한 중독으로 허송세월을 꽤 오래 보낼 수 있다.

둘째, 월급에 중독되어 있는지 점검하자. 사업자가 되어야 한다고 말하는 게 아니다. 회사와 당신을 일치시키지 마라. 자신을 잃지 말라는 말이다. 자신을 위해 운동하고, 꿈을 항상 점검하자. 당신의 꿈이 부장님인가? 부장님이면 보통 50세가 넘는다.

07

생각을 반드시 행동으로 옮겨라

누구나 "그때 할걸." 혹은 "하지 말걸."이라고 후회해본 적 있을 것이다. 나는 과거에 대한 후회를 최대한 하지 않으려고 한다. 이 책에서 계속 주장하는 내용도 "왜"가 아니라 "어떻게"로 바꾸자는 것이고, 그 "어떻게"가 습관이 되어야 한다고 계속 이야기하고 있다. 예를 들면 "어떻게 위기를 돌파할 것인가?" 혹은 "어떻게 지금 행복을 느낄 것인가?"와 같은 물음을 던지는 것이다.

그래도 인간인지라 과거에 아쉬움이 남는 건 사실이다. 지금 드는 생각은 "결과물을 내는 데 집중했다면 어땠을까?"이다.

2007년경 사회 초년생 시절 DSLR 카메라가 유행인 시절이 있었다. 그 시절 직장생활 하신 분이라면 기억날 것이다. 누구나 디지털 카메라 한

대씩은 다 가지고 있었다. 직장동료끼리 렌즈도 사고팔고 할 수 있을 정도로 사용자 층이 두터웠다. 나는 DSLR 카메라는 부담스러워서, 하이엔드 급 카메라를 구입했다. 내가 생각하는 DSLR과 하이엔드 카메라의 차이점은 "렌즈를 교체할 수 있냐 없냐"였다. 하이엔드 카메라도 고배율 망원기능을 가지고 있다. 그렇기 때문에 부피가 큰 편이다. 카메라를 어깨에 메고 다니면 피로도가 올라갔다. 그래서 카메라 가방을 따로 가지고 다녔다. DSLR의 경우 렌즈를 추가로 가지고 다니는 사람이 많았다. 이후 휴대폰 카메라 화질이 좋아지고, 큰 카메라에 대한 피로도로 다시 인기가 시들해졌다.

그리고 그 시절에는 유튜브 대신 블로그와 UCC가 인기였다. 그 시절의 나도 개인 블로그를 했었다. 주로 직접 찍은 사진을 올렸던 것 같다. 이후 바쁜 사정들로 손을 놓게 되었다. 지금 생각해보면 "결과물을 내는데 집중했다면 어땠을까?"라고 생각해본다. 물론 당시의 내 생각도 존중한다. 사진이나 블로그에 인생의 우선순위를 두지 않아도 된다고 생각했던 것 같다. 그리고 온라인 게시물들의 가치를 몰랐다. 나의 가치를 몰랐기 때문에 내가 하는 일의 가치도 몰랐다고 보는 것이 맞겠다.

성공자들과 일반인들을 구분할 수 있는 가장 특징은 이것일 것이다. 성공자들은 인생의 목표가 정확하다. 하는 행동에 모두 목적이 있을 확률이 높다. 시간을 쓰는 데 이유가 있다는 말이다. 성공자는 개인취미로 블로그를 하지 않는다. 마케팅·홍보 쪽 일을 하시는 분이면 무슨 말인지 알 것이다. 사진 한 장, 글 하나에도 마케팅적인 의도가 숨어 있다. 물론 취미로 시작해서 전문가가 되는 경우도 많이 있다. 인스타그램 활용이 대표적이다. 유명 스타가 아니더라도, 공동구매 등을 통해 수익을 창출한다. 어떤 루트로 성공했는가와는 상관없이 공통점은 결과물을 내는 데 집중했다는 것이다.

직장인들이 가장 후회하는 일이 뭘까? 내 생각에는 "주식"이다. 물론 왜 했을까 하고 후회하는 분들도 있을 것이다. 나도 주식을 해서 수익을 많이 내지 못했다. 솔직히 말하면 '묻지마 투자'를 했던 것 같다. 주식보다는 안정성을 추구하며 펀드를 했다. 펀드는 장기 상품이다. 나는 당시 하락장을 견딜 만한 인내심이 없었다. 약세장에서 하락장으로 넘어가면 겁을 먹고 돈을 빼곤 했다. 다만 그 덕에 거시경제에 관해서 공부하는 계기가 되었다. 개인적인 생각으로 누구든 주식으로 돈을 벌 수 있다.

그러나 주식은 자기 투자원칙을 어기지 않아야 하며, 하락장이 올 때 대응하는 법이 중요하다. 이는 좋은 습관이 만들어지는 알고리즘과 동일하다. 좋은 습관에 대한 원칙을 어기지 않아야 하며, 외부환경변화에 대응을 잘해야 한다.

돈이 없어도 소액으로 주식을 연습하고 있어야 한다. 아니면 가상투자라도 하길 바란다. 평소에 주식 프로그램 사용법과 시장흐름을 알고 있어야 한다. 그래야 주기적으로 오는 하락장을 만날 때 꽤 높은 수익을 얻을 수 있다. 개인적으로 ETF를 추천한다. ETF는 주식상품을 여러 개 묶어 놓은 상품이다. 예를 들면 '현대차', '테슬라'처럼 종목을 따로 사는 게 아니라 전기차 키워드로 여러 주식을 묶어서 파는 상품이라고 보면 된다. 종목을 보는 눈이 없어도 된다. 업계나 거시경제를 보는 눈만 있어도 투자가 가능하다. ETF는 펀드와 유사하지만 펀드에 비해 수수료가 작고, 거래가 간편하다.

성공자들의 법칙에 절대 빠지지 않는 습관이 있다. 바로 독서 습관이다. 요즘은 단순 다독을 넘어서야 하는 시대이다. 많이 읽는 것보다 독서 후 '산출물 만들어내기', '체득하기'가 독서만큼 중요한 시대라고 생각한다.

내가 습관에 관해 책을 쓰게 될 수 있었던 것도, 습관에 관한 책들을 읽고 체득하기와 산출물 내기에 집중한 덕분이다. 나의 최근 독서는 E-BOOK으로 다시 시작되었다. 온라인 서점의 북클럽에 가입하였다. 저렴한 가격에 정기 구독할 수 있다. 종이책을 좋아하시는 분들도 걱정할 필요 없다. E-BOOK을 읽고 맘에 들면 종이책도 사게 된다. 나는 출퇴근길에 운전하며 휴대폰으로 E-BOOK을 들었다. E-BOOK의 장점은 여러 가지가 있다. 손발이 자유로울 수 있음은 기본적인 장점이다. 검색 기능, 목차기능, 페이지 북마크 기능, 듣기 시간 설정 기능 등이다. 게다가 아이디 하나로 여러 대의 전자기기를 동시에 접속 지원한다. 가족끼리도 사용이 가능한 것이다.

　책을 읽고 생각을 정리하는 용도로 '마인드맵' 프로그램을 사용해보길 추천한다. 이 책에서 제공하고 있는 다이어그램도 저자가 마인드맵 프로그램으로 만들었다. 마인드맵 프로그램으로 논문을 쓰는 사람도 많다.

　마인드맵 창시자 토니 부잔은 저서 『마인드맵 마스터』에서 마인드맵의 개념을 다음과 같이 설명하고 있다.

　"선형적 사고방식으로 단조로운 노트필기를 계속하면서 나는 점점 더 완벽하게 멍청해져 가고 있었던 것이다. '생각 도구'를 만들어야겠다는 생각을 하게 되었다. 이 생각은 방사형 사고 개념을 만들어내는 데 중요한 출발점이 되었고, 이는 다시 마인드맵의 탄생으로 이어졌다. 마인드맵은 인간의 뇌세포 중심에서 나뭇가지 모양으로 뻗어나간 촉수들이 서로 연결되고 다양하게 진화하는 모습을 흉내 내어 만든 다이어그램이다."

　책을 읽으며 생기는 갈증이 무엇일까? 나의 경우는 "유사한 책들의 장점만을 뽑아서 내 성향에 맞는 적합한 책이 있었으면 좋겠다."라는 생각이었다. 예를 들어 성공에 관련한 책들을 몇 권 봤다고 치면, '요식업으로 성공한 사람', '1인 창업으로 성공한 사람', '독특한 아이디어로 성공한 사람'등 각양각색일 것이다.

또 그들의 성장배경과 성공으로 가는 스토리마저 모두 다르다. 책들의 성공스토리 요소들을 끄집어내서 나에게 맞게 정리하는 작업이 필요하다. 정리가 된 자료는, 가독성이 높아지고 시간을 아껴준다. 책에 실리지 않은 마인드맵 파일들은 네이버 카페에 업로드 예정이다.

나는 현재 글 쓴다는 핑계로 사람들과 시간을 보내기가 여의치 않다. 취미가 없고 현실에만 매달리다 보면 삶이 척박하다는 생각을 지울 수 없다. 그래서 취미로 헬스와 달리기를 하고 있다. 시간적 여유가 생긴다면 다시 볼링을 치고, 실내테니스를 해보고 싶다. 시간적 여유를 가지고 사람들과 스포츠를 즐길 나를 상상하니 벌써 기분이 좋다.

시간은 누구에게나 한정되어 있다. 현실과 취미를 어떻게 적절히 조절할 수 있을까? 정답을 찾기는 힘들었다. 그러나 나는 구글의 방식에서 조금의 힌트를 얻을 수 있었다. 사사키 다이스케의 저서 『3개월 사용법이 인생을 바꾼다』의 내용을 소개한다.

"구글만이 아니라 내가 접해본 엘리트 비즈니스맨이라 불리는 사람들은 일에서 분명한 성과를 내기는 하지만, 그렇다고 다른 사람보다 많은 시간을 일하지는 않았다. 그들은 오히려 사생활이나 가족과 보내는 시간을 매우 소중히 여겼고 삶에 대한 만족도도 대체로 높았다. (중략) 구글은 모든 직원이 3개월 사이클을 의식하면서 일했다. 왜냐하면 구글은 분기별 관리가 철저해 3개월 만에 성과를 내지 못한 사람이나 프로젝트는 점점 잊혔다. 구글에는 그런 암묵적인 규칙이 있었다."

구글의 사무 공간이 놀이 공간처럼 꾸며져 있다는 것은 알고 있을 것이다. 사무실을 놀이 공간처럼 꾸미는 데는 과학적 이유가 있다. 일이든 취미든 구글의 방식에 내가 주목한 점은 창의성에 있다.

재미를 느끼면 긍정적으로 사고하게 된다.
긍정적으로 사고하면 자신감이 생긴다.
자신감이 생기면 자기 확신이 생긴다.
자기 확신은 창조성으로 이어진다.

08

나의 하루를 3자의 필름처럼 돌려봐라

과거의 나는 스스로 나 자신을 질책하는 습관이 있었다. 어린 시절 길러진 버릇인 듯하다. 돌아보면 어린 시절을 제외하고는, 스무 살이 넘어 있었던 일들은 한두 가지 사건 빼놓고는 그리 괴로워할 일도 아니었다. 스스로 질책하는 습관이 있는 분이라면, 자신에게 관대해지길 바란다. 남에게 당했던 일을 잊는 것만큼 자신을 용서할 줄 알아야 한다. 1초 전의 일도 과거이다. 이미 지나간 일이다. 기억 속에서 영원한 가해자나 피해자로 남지 말아야 한다.

어렵지만 시선을 과거에서 미래와 현재에 맞추자. 나에게 관대하려면 나를 제대로 볼 줄 알아야 한다. 나의 현재 상황에 몰입한 나머지, 객관적으로 나를 보지 못하는 게 아닐까 생각해보면 좋다. 예를 들어 작은 실수를 했다 치자. "이것 봐, 또 실수하고 말았어."라고 생각하기보다, 다른 사람이 실수했으면 뭐라고 '조언해줬을까.'라고 생각해보면 도움이 된다.

'셀프 칭찬'과 '감사하기'는 부정적인 나를 긍정적인 나로 바꾸는 데 도움이 된다. 일기형식으로 써도 좋고, 잠자리에 들기 전에 하루를 머릿속에 되새겨보는 형식도 좋다. 일기를 쓸 때 주의사항이 있다. 최대한 부정적인 감정을 배제하고 쓴다. 대신 나의 하루에서 조금이라도 칭찬할 부분이 있으면 그 장면을 칭찬한다. 우선 부정적 감정이 들어간 부정적 패턴을 보이는 일기의 예제를 보겠다.

"오늘 사장이 나에게 정리해고 통보를 했다. 정말 화가 난다. 다음 달까지만 출근하라고 한다. 어떻게 이럴 수가 있을까? 내가 영업하려고 속 버려가며, 내 돈 써가며 얼마나 열심히 했는지 모른다. 남은 날짜가 한 달도 안 된다. 노동부에 가야 할까? 정말 왜 이렇게 인생이 안 풀리는지 모르겠다."

개인적인 경험으로는 처지를 비관하면 판단력이 흐려진다. 관계없는 일들도 안 풀리는 것처럼 느껴진다. '끌어당김의 법칙', '머피의 법칙' 뭐라고 불러도 좋다. 스스로 안 좋은 일들을 끌어들인다. 몸과 마음의 긴장도도 같이 올라간다. 긴장도가 높으면 동작이나 생각이 부자연스럽다.

그래서 뭘 해도 안 된다는 생각이 들 수 있다. 자전적 이야기다. 절대로 처지를 비관하지 말자.

객관적인 관점의 패턴 일기의 예제를 보자.

"오늘 사장이 나에게 정리해고 통보를 했다. 다음 달까지 출근하라고 하였다. 나는 흥분하지 않고 침착했다. 최대한 유리하게 협상할 준비를 하자."

실제로 나에게 있었던 일이다. 나는 정리해고 통보에 화를 내거나 슬퍼하지 않고, 침착하게 대응한 부분을 '셀프 칭찬'했다. 그리고 월급중독을 벗어날 기회에 '감사'했다. 포인트를 잡기 위해 개인적인 큰 사건을 예로 들었지만, 우리 일상에서 자주 있는 일은 아니다. 객관적 입장에서 일기 쓰기의 핵심은 감정 소모에 에너지를 빼앗기지 않는 것이다. '왜'가 아니라 '어떻게'로 중점을 두고 대응한다. 이런 대응 습관들이 쌓이면 단단한 마음을 만들 수 있다. 긍정적이고 자기 확신을 가진 사람이 될 수 있다. 대응력이란 '회복탄력성'이라고도 불린다. 회복탄력성은 어린 시절 정서적으로 학습되는 부분이 크다. 회복탄력성이 낮다는 생각이 들어도 걱정할 필요 없다. 후천적으로 회복탄력성을 기르는 방법들이 많이 알려져 있다. 이 책의 3장~5장에 걸쳐서 회복탄력성 트레이닝 방법들이 녹여져 있으며, 시중에도 많은 책들이 나와 있다. 회복탄력성에 대해서는

3-4장에서 자세히 설명할 것이다.

해고와 관련된 이야기가 나왔으니, 백수에 대해 잠시 이야기해보겠다. 꿈을 좇기 위해, 일을 쉬고 있는 사회 초년생들에게 해주고 싶은 이야기를 하겠다.

독자분들은 '백수' 단어에서 어떤 느낌을 받는가? 혹시 '무능력', '쓸모없는' 같은 단어들이 연상되지 않는가? 내가 백수 시절 나에게 들이댔던 잣대인 것 같다. 생각을 넘어 한 발 더 나가 보겠다. '무능력'하면 돈이 떠오른다. 남들이 나를 사람으로 보지 않고 돈으로 보길 원하는가? 남들이 혹시 나를 돈으로 보는 것처럼 느껴져도, 나는 나한테 그러면 안 된다.

그러나 휴대폰 만지고 침대에 누워 있는 건 휴식이 아니라 감금이다. 목표하는 일이 있으면 뚜벅뚜벅 앞으로 걸어나가면 된다. 목표하는 일이 없다면 희망부터 키운다. 희망은 몸과 마음의 근육을 키우는 좋은 습관들로 시작하면 된다.

희망이 생기면 꿈이 떠오른다. 꿈이 없는 사람은 없다. 내 잠재의식은 내 꿈에 대해 자세히 알고 있으나, 주인이 정해놓은 세계관을 따라야 하기 때문에 잠자코 있을 뿐이다. 내 경험에 의하면 당신의 세계관은 당신이 만든 것이 아닐 확률이 높다.

부산 서면 중심가의 삼계탕집 할머니 사장님과의 대화가 생각난다. 내가 습관과 성공에 관한 책을 쓰고 있다고 소개했다. 정답게 얘기하시던 사장님의 눈에 총기가 돌면서 다음과 같이 나에게 말했다. "내가 옛날에 완전히 망했었어. 땡전 한 푼도 남지 않을 때 말이야. 시장바닥을 쓸고 다니면서 사람들에게 성공할 거라고 노래를 부르고 다녔어." 이어서 말씀하셨다. "우리 아들은 해외에 나가서 성공했어. 지금은 김해에 빌딩도 샀어."

아들의 성공 스토리를 자세하게 듣지는 못했지만, 분명 성공의 법칙을 실천한 사장님이 아들의 꿈을 키운 것만은 확실하다는 생각을 할 수 있었다.

'셀프 칭찬'과 '감사하기' 이야기로 돌아가자. 일기가 어색하신 분들은 잠들기 전에 감독 입장에서 나의 하루를 돌려보면 된다. 우리의 잠재의식은 우리가 잠을 자는 동안에도 24시간 주인을 위해 활동한다. 내가 잠을 자는 동안 잠재의식이 기억들을 재배열한다. 이 트레이닝은 며칠만 해도 아침이 개운해짐을 느낄 수가 있다.

꿈을 꾸는 동안에, 바깥에서 들리는 소리가 그 꿈에 반영되는 경험을 해보았을 것이다. 비유하자면 '셀프 칭찬'과 '감사하기'는 잠재의식이 내 기억을 잘 정리할 수 있도록 돕는 활동이라고 보면 적당할 듯하다.

형식은 일기 쓰기와 동일하다. 최대한 감정을 배제하고 1인칭이 아니라 3인칭으로 영상을 돌려본다. 당황한 장면이 있으면 '당황'에 초점을 맞추지 말고, 의연했던 모습에 자신의 머리를 쓰다듬어주는 방법도 좋은 방법이다. 특별한 일에 '칭찬'하고 '감사'하는 게 아니다. 엘리베이터 안에서 다른 사람을 위해 버튼을 눌러준 일, 뒷사람을 위해 문을 잡아준 일, 친구의 치맥 유혹을 참은 일, 아침에 여유 있게 출근한 일, 다리 꼬는 버릇을 없애려고 노력한 일 등 아주 사소하다고 느껴지는 일들이다.

달력이나 To Do List 프로그램을 쓰는 사람이 많을 것이다. 달력을 사용해서 하루 일들을 사소한 것까지 적어보면, 자신이 얼마나 열심히 살고 있는지 알게 된다. 그와 비슷하다고 보면 된다. 지나간 일을 "왜 그랬지?"라며 이불킥을 하지 않고, 바꿀 수 없는 일은 위로받고 인정한다. 삼자 입장에서 나의 필름을 돌려보면 나에 대한 이해도가 올라간다.

혹시 '빅데이터'라는 단어를 들어본 적 있는가? 객관적으로 나의 하루를 바라보는 과정을, 빅데이터로 예를 들어보겠다.

공기 질을 측정하는 센서가 있다고 치자, 공기 질을 측정하는 센서의 데이터 값은 부착하는 위치에 따라 값의 큰 차이를 보인다. 빅데이터는 단순 측정 데이터뿐만 아니라, 주변 공기 질을 결정할 수 있는 요소들의 환경요소까지 함께 모아서 저장한다. 차량 대수, 바람세기, 주변 사진, 주변 영상 정보 등 무궁무진하다. 센서 몇 개의 공기 질 측정만으로는 환경변화에 대한 데이터 정확성을 보장할 수 없지만, 빅데이터로 수집하면 말이 달라진다.

우리 뇌는 슈퍼컴퓨터이다. 충분히 하루의 상황을 종합 판단할 수 있는 능력이 있고, 데이터들도 이미 존재한다. 잠재의식은 진정한 우리의 꿈과 마음을 알고 있다. 그러나 주인을 100% 신뢰하기 때문에 잠자코 있는 것이다. 잠재의식은 좋고 나쁨을 가리지 않는다.

자신의 감정에만 얽매여 있는 것은, 뇌의 주인이 아직도 도스를 사용한다고 봐야 한다. 측정값 몇 개만 보고 일일 리포트를 잠재의식에 넣어 버린 것과 같다.

의식적으로 결정한다고 생각하지만, 무의식적으로 선택하는 장면들이 인생의 항로를 결정짓는 빅데이터라고 생각한다. 그래서 카드사들이 기를 쓰고 개인정보를 수집하는 듯하다. 내 인생을 들여다보고, 나와 비슷한 조건의 다른 사람들에게도 나에게 팔았던 것을 유사한 방식으로 팔기 위해서 말이다.

그래서 우리는 습관에 더 매달려야 한다. 무의식적으로 편의점에서 맥주를 살지, 의식적으로 헬스장으로 차를 돌릴지는 당신이 결정할 수 있다.

3장

습 관 을
더 빨 리
바 꾸 는 기 술

매일 하는 운동이 훨씬 쉽다

운동을 며칠 주기로 하는 게 좋을까? 보통 운동은 일주일에 1~2일 쉬는 편이 효율이 높다고 생각하는 사람이 많을 것이다.

그러나 나는 개인적으로 운동을 매일 하는 게 더 쉽다고 생각한다. "운동은 매일 하는 것."이라고 생각하면, 운동했는지 체크할 필요도 없다. 오히려 운동하지 않은 날을 체크하게 된다. 헬스장에서 하는 사람들이 상체·하체를 날짜를 바꿔가며 매일 운동하는 걸 생각하면 이해하기가 쉬울 듯하다. 매일 하는 운동이 육체의 효율성 면에서는 어떨지 모르겠으나, 인생을 관통하는 핵심 습관을 만드는 데는 운동 만한 게 없다.

습관을 만드는 법칙에 있어서도 월·수·금 운동을 하는 것보다 매일 하기가 훨씬 쉽다. 매일 하면 할지 안 할지 따질 필요가 없기 때문이다.

화·목을 운동을 쉰다고 생각하면 시간을 때우면서 쉬게 되는 일이 많아진다. 운동을 매일 하려는 사람 중, 헬스장에 가는 사람은 쉰다고 생각하지 말고 회복 운동을 한다고 생각하자. 피곤하면 헬스장에 가서 진짜 놀다 온다고 생각하자. 헬스장에서 샤워만 하고 나오는 것도 좋은 방법이다.

직장인 시절 나의 운동 스케줄을 소개한다. 평일은 개인 운동으로 아침에 헬스를 한다. 토요일 아침에는 사람들과 함께할 수 있는 운동을 한다. 이 책에서 계속해서 얘기하고 있는 부분이 있다. 주말을 잘 보내려면 금요일 저녁을 잘 보내야 한다. 나는 토요일 아침에 주로 친한 선배와 볼링을 쳤다. 그리고 일요일에는 달리기를 했다.

매일 운동을 해보면 알겠지만 딱 맞게 지켜지지는 않는다. 예를 들면 달리기를 할 수 없으면 산책을 하고, 산책을 할 수 없으면 먼 거리의 마트를 걸어서 다녀온다. 집에서 나가기가 싫으면 스트레칭을 하고, 몸이 아프면 운동 대신 청소를 한다. 어떻게든 운동을 하는 쪽으로 하는 것이다. 이와 같은 좋은 습관 만들기를 통해 자기 자신에게 신뢰감과 성취감도 심어줄 수가 있다.

운동은 상호보완 되는 운동이 좋다. 나의 경우는 달리기와 헬스가 그랬다. 하프마라톤에 도전할 때의 일이다. 2~3일에 한 번씩 달리며 거리를 늘려가고 있었다. 15km 정도까지 거리를 늘리는 데 성공했다. 난생 처음 하프마라톤 도전이라 혼자 하는 훈련법이 좀 잘못된 것 같았다. 무릎 통증이 조금씩 늘어났다.

무릎 통증이 있었지만 달릴 때의 상쾌한 기분에 참을 수 있었다. 10km 달리기 도전까지는 큰 무리가 없었다. 그러나 거리가 늘어남에 따라, 달리기 종료 후 점점 회복 속도가 느려졌다. 경사가 있는 곳에서는 걷기만 해도 아팠다. "괜찮겠지."라는 생각으로 2~3일 있다가 다시 달리면 아팠다. 무릎 바깥쪽 통증이 느껴졌다. 인터넷을 찾아보니 달리기를 할 때 입을 수 있는 가장 흔한 부상인 '장경인대염'인 듯했다. '장경인대염'을 회복하기 위해서는 달리기를 한동안 쉬는 수밖에 없었다.

인터넷에서 수집한 '무릎 바깥쪽 통증'의 원인은 2가지로 추측된다. 부상의 원인은 근력 부족과 짧은 기간에 걸친 무리한 거리 늘리기였다. 10km까지는 헬스장에서 근력운동을 병행하였다. 10km 성공 이후 너무 자신감만 붙은 듯하다. 이후 하프마라톤 일정이 얼마 남지 않았는데, 급하게 도전한 것이 화근이었다. 근력운동을 병행하며 점차 거리를 늘렸어야 했다. 달리기 시간이 늘어남에 따라 헬스를 소홀히 했다. '폭음과 흡연', '운동하지 않은 몸' 등을 생각하지 못한 부분도 있다.

운동을 선택할 때 자신의 성향과 맞는지도 생각해보는 게 좋다. 혼자할 수 있는 달리기나 헬스 같은 운동은 자신의 스타일로 풀어나가면 되니 상관없다. 그러나 함께하는 운동은 '마이페이스'를 지키기가 쉽지 않다. 함께 하는 운동은 기량이 궤도에 오르지 않으면 답답해서 운동을 그만두는 경우가 많다. 그럴 땐 자신의 성향과 궁합을 살펴보는 것도 좋은 방법이다.

나의 볼링 실력 정체기 이야기를 해보겠다. 나는 개인적으로 나를 HSP(High Sensitive Person)라고 생각한다. 즉, 섬세한 사람이라고 생각한다. 다케다 유키의 저서 『너무 신경 썼더니 지친다』에서는 HSP에 대해서 다음과 같이 설명하고 있다.

"키가 큰 사람이 신장을 줄일 수 없는 것처럼 섬세한 사람이 '둔감해지고', '눈치를 못 채기'란 불가능합니다. 오히려 둔감해지려고 노력하는 것 자체가 자기 자신을 부정하는 행위여서 자신감과 살아갈 힘을 잃게 됩니다."

개인적인 생각으로 볼링은 너무 섬세한 사람과는 맞지 않는 운동이라고 생각한다. 외부적인 요인이 너무 많기 때문이다. 볼링 옆 레인에 사람이 있으면 신경을 쓰며 볼링을 쳐야 했다. 특히 볼링 매너를 모르는 초보자들 옆에서는 굉장히 피곤했다. 나는 특히 소리에 민감했다. 다른 레인에서 볼링 치는 소리가 귀에 계속 맴돌았다. 주위를 의식하지 않으려 노력해봐도 쉽지 않았다. 몇 개월 동안 매주 볼링을 쳤는데도 점수가 늘지 않았다. 한동안은 볼링을 치는 게 스트레스였다. 볼링을 그만두고 싶었다. 다행히 그만두지 않고 버티면서 이후에는 즐기면서 치려고 노력했다.

내가 볼링을 그만두지 않은 데는 친한 선배의 도움이 컸다. 내게 도움을 준 선배는 부산 해운대구에서 컴퓨터업을 하고 있는 강태웅 형님이다. 볼링은 쉽게 입문하는 것에 비해 취미로 만들기까지가 어렵다. 자기만의 스타일을 찾아가기까지 꽤 오랜 시간이 걸릴 수도 있다. 그리고 자기 스타일을 찾는다고 해도 점수로 연결되기까지는 시간이 꽤 걸린다. 선배의 경우 볼링 고득점자여서 나와 레벨이 맞지 않는데도 함께 볼링을 쳐주었다. 이해심이 넓은 사람이다.

이처럼 사람들과 함께하는 스포츠는 사람이 중요하다. 함께하는 스포츠의 경우, 스포츠 효과와 재미만을 생각하면 안 된다. 새로 배우는 과정에서 그 사람들에게 무의식적으로 받을 영향이 있다는 것을 알아둬야 한다.

운동을 함께 하기 위해 동호회를 찾는 사람이 많이 있을 것이다. 운동 동호회에 가입할 때도 염두에 두어야 하는 부분이 있다. 오전에 하는 운동 동호회가 좋다. 저녁 시간에 모여서 운동을 하는 동호회는 주로 술자리로 연결된다. 회식을 은근히 강요하는 모임도 있다. 아이러니하게도 운동을 하며 건강해지면 맥주가 당긴다. 자신이 운동 후 술맛을 아는 부류라면, 최대한 그런 환경을 만들지 않는 게 좋다.

1일 1운동을 사수하기 위한 몇 가지 팁을 정리해드린다.

첫째, 아침 운동이 기준이 되어야 1일 1운동을 완성할 수 있다. 전날 저녁 일정이 다음 날 아침 컨디션까지 영향을 미치는 날이 있다. 컨디션이 좋지 않아 아침 운동을 못 하면 저녁 운동을 해서 1일 1운동을 완성한다. 그리고 그다음 날은 다시 아침 운동을 한다. 아침 운동을 하려면, 새벽 기상부터 해야 한다. 아침 운동이라는 것은 어찌 보면 단순하지 않다. 내 생활의 중심이 아침 시간대로 모두 옮겨지는 것이다. 자주 가는 곳은 호프집에서 헬스장으로 바뀌고, 자주 만나는 사람은 호프집 사장님에서 헬스 트레이너로 바뀌는 것이다. 1일 1운동을 하기 위해서는 새벽에 일어나기 위한 전략이 필요한데 3-2장에서 '직장인에게 필요한 이틀 생활계획표를' 이야기할 것이다.

둘째, 휴일 오전에는 함께할 수 있는 운동 스케줄을 잡는다. 될 수 있으면 술자리로 연결되는 스포츠 동호회는 하지 않는다.

셋째, 회복 운동의 개념을 가진다. 회식 참석 다음 날은 회복하러 헬스장에 가는 것이다. 근육에 집중하지 않는다. 몸과 마음은 알코올 분해하느라 바쁘다. 오히려 근육에 해가 된다. 가볍게 운동하고 러닝머신도 가볍게 탄다. 상쾌한 기분에 집중한다. 달리기를 산책으로 바꿔 보는 것도 좋은 방법이다.

넷째, 운동을 하지 못하는 경우가 당연히 생긴다. 운동대신 할 수 있는 단순한 활동을 찾는다. '청소', '정리 정돈', '스트레칭' 등이 있다. 감기 기운이 있을 때, 운동 대신 정리할 서랍을 미리 정해둔다.

　누구든지 직장인으로서, 그리고 가장으로서 바쁘다. 솔직히 말하면 역할이 많은 사람은 1일 1운동이 불가능에 가까울 수도 있다. 그럼에도 불구하고 1일 1운동을 강조하는 데는 이유가 있다. '사회·직업적 역할이 곧 나다.'라고 자신도 모르는 사이에 세뇌된 사람들이 있을 것이다.

　운동하기 쉽지 않은 환경에도 불구하고 자신을 위해 애를 쓰다 보면 스스로 '용기'와 '감동'을 얻을 수 있다. 이는 뒤에서 자세하게 다룰 회복탄력성과도 관련이 깊다.

직장인에게 필요한 이틀 생활계획표

직장인들에게 딱 맞는 이틀 생활계획표를 소개한다. 이틀 생활계획표의 핵심은 '새벽과 아침 시간을 지배함으로써 저녁 시간을 탄력적으로 사용한다'이다. 새벽이나 아침 시간은 온전히 나를 위해 쓸 수 있는 시간이다. 혹여나 직장 생활하며 나를 잃어버린 분들은 새벽과 아침을 활용하면 자존감도 찾을 수 있다.

1장에서 밝힌 바와 같이 나는 몇 달 전까지만 해도 누구보다 엉망진창으로 살아왔음을 자신한다. 평생 아침 식사를 자발적으로 해본 일이 몇 번 되지 않았던 것 같다. 아침 시간 활용의 시작은 아침 식사였다. 아침 식사는 간편식으로 시작했다. 아침 식사를 위해서는 평소 일어나던 시간보다 20~30분 정도만 먼저 일어나면 된다.

이때까지는 아침 시간의 큰 힘을 알지 못하던 때이다. 아침 식사는 아침 운동의 교두보 역할을 한다. 아침 식사를 하지 않던 사람도 1~2주 정도 꾸준히 아침에 앉아서 먹는 행위를 하다 보면 아침밥 시간이 적응이 되고 소중해지기 시작한다.

아침 먹기의 포인트는 출근하면서 혹은 차에서 먹는 게 아니라는 점이다. 반드시 밥상이나 식탁 같은 데서 앉아서 먹는다. 꼭 밥이 아니더라도 식사대용품이 많이 나와 있다. 아침 식사 시간은 에너지 보충의 의미도 있지만, 아침을 먹으면서 머릿속으로 하루를 정리할 수 있는 시간이다. 아침 시간이 여유 있으면 마음도 따라 여유롭다. 어수선한 생활 패턴이 노력하지 않아도 알아서 정리되는 부분이 많다.

소지품을 놓치는 경우도 줄어들고, 미처 생각하지 못했던 것들도 생각이 자연스레 나는 경우가 늘어난다. 아침밥 먹는 시간에 적응되면 슬쩍 '아침 운동' 카드도 꺼내볼 수 있다.

책에서 제공하고 있는 '마음의 병 셀프 탈출'과 '이틀 생활계획표' 다이어그램을 함께 보길 바란다. 초점을 아침 시간으로 바꾸면 모든 게 달라진다. 한 가지 말씀드리고 싶은 것은 경증의 우울·무기력은 아침 운동만으로도 셀프케어가 가능하다는 점이다. 우울함이나 무기력이 없어지면 잘하던 일을 더 잘하게 된다.

어떤 일에 도전하기 전 체력과 의지력 상승의 발판으로 아침 운동을 해도 좋다. 운동을 좋아해서 아침에 헬스장에 갈 수 있는 게 아니다. 아침 운동을 하다 보면 나의 모든 면이 자동으로 좋아진다고 보는 것이 더 맞는 말이다. 혹시 수험생을 둔 학부모님이라면 자녀에게 '공부해라.'라고 말하기보다, 자연스럽게 아침 운동을 같이 하는 것을 추천드린다.

"미국 일리노이주의 네이퍼빌 센트럴고등학교는 0교시에 전교생이 1.6km를 달리기를 하는 체육수업을 배치했다. 달리는 속도는 자기 심박수의 80~90%가 될 정도의 빠르기, 즉 자기 체력 내에서 최대한 열심히 뛰도록 했다. 이후 1, 2교시에는 가장 어렵고 머리를 많이 써야 하는 과목을 배치했다. 이렇게 한 학기 동안 0교시 수업을 받은 학생들은 학기 초에 비해 학기 말의 읽기와 문장 이해력이 17% 증가했고, 0교시 수업에 참가하지 않은 학생들보다 성적이 2배가량 높았다. 또한 수학, 과학 성적이 전국 하위권이었던 이 학교는 전 세계 과학평가에서 1위, 수학에서 6위를 차지했다."

(참고 : 〈네이버 지식백과〉 운동으로 학습 능력 향상시키는 방법! (KISTI의 과학 향기 칼럼))

주경야독하며 열심히 살아본 시절이 없는 사람은 없을 것이다. 한 번쯤 드라마나 게임에 빠져 새벽까지 잠 못 이루는 날들이 없었던 사람도 없을 것이다. 누구나 수면의 시간이나 질은 중요하다는 걸 알면서도, 수면을 소홀히 하는 경향이 있다.

　나의 경우는 극한의 스케줄로 살았던 순간들을 제외하고는, 열심히 사나 대충 사나 수면시간이 비슷했던 것 같다. 오히려 대충 살 때 습관이 엉망이 되면서 수면의 질이 떨어지는 경우가 더 많았던 것 같다. 개인적인 생각으로 6시간 이상은 자는 게 좋다고 생각한다. 나의 직장인 시절 생활계획표를 살펴보자.

　05:00-06:00 기상 & 자유 시간 & 아침 식사

　06:00-08:00 회사 근처 헬스장 운동 & 출근

　08:00-09:00 한 시간 일찍 출근—스케줄 정리, 개인 공부

　09:00-18:00 업무

　18:00-22:30 퇴근 및 저녁 시간 활용

　22:30-23:00 잠자리

"아침 운동이라니 팔자 좋은가 봐."라고 말하는 사람이 있을지 모르겠다. 더 바쁜 사람들이 많겠지만 내 상황도 여의치는 않았다. 위의 시간표는 정시퇴근 기준이다. 퇴근하고 집에 도착한 시간이 저녁 8시 30분에서 9시인 경우가 많았다. 저녁 식사도 하지 못한 채 야근하는 경우가 많았다. 집에 와서 밥을 먹고 정리하면 10시가 되었다. 회식 자리 참석을 하는 경우, 시간이 자정을 넘는 경우가 많았다.

'이틀 생활계획표'를 짜서 생활하면 여러 가지 효과가 있다.

새벽에 일어난다는 말은 빨리 잔다는 말과 같다. 밤 시간대에 쓸데없이 스마트폰을 만진다거나, 술 먹는 시간을 줄일 수 있다. 저녁에 공부하는 직장인은 아침으로 시간을 옮겨 공부해보길 바란다. 새벽 시간은 영감이 가장 좋은 시간이라고 알려져 있다. 생체리듬이 바뀌는 데 걸리는 시간은 짧게는 4~5일이다. 2주 정도면 새벽에 일어나는 게 아무렇지 않아진다. 21일 이상 습관이 유지되면 아침 시간의 아름다움도 알 수 있다. 아침 시간이 여유롭고 풍요로워지면 새벽에 못 일어나는 외부적 상황이 있을 때 화가 난다.

'이틀 생활계획표'로 생활하다 보면 주말을 지배할 수 있게 된다. 처음부터 날짜를 묶어서 생활하는 버릇이 생긴 것은 아니었다. 수 · 목처럼 날짜를 묶어서 생활하다 보면, 자연스레 주말에 걸쳐 있는 날과 연결된다. 어느새 목 · 금 · 토를 한 번에 묶어서 생각하는 게 자연스러워진다.

예를 들면 토요일 아침 운동이 설레면 금요일을 잘 보내게 되는 경우를 경험해 본 적이 다들 있을 것이다. 조기 축구회 아재들도 비슷한 마음이 아닐까 생각해본다. 매주 소풍을 기다리는 아이 같은 마음으로 생활할 수 있게 된다.

'이틀 생활계획표'로 생활하다 보면 월요병도 줄어들게 된다. 물론 생활계획표로만 되는 건 아니다. 생활계획표+아침 시간 활용+1일 1운동과 같은 방법으로 삶의 활력이 늘어나서 얻게 되는 결과일 것이다.

'이틀 생활계획표'로 생활하다 보면 자신의 일주일 리듬도 알게 된다. 직장인은 보통 '화·수·목'을 바쁘게 보내게 된다. 업무 스트레스로 긴장감이 높아지면 몸과 마음이 이완되길 원하는데, 우리는 이럴 때 술 혹은 쇼핑 등을 찾는다. 자신이 언제 술이 당기는지, 언제 보복 쇼핑을 하고 싶은지, 언제 무기력한 느낌이 있는지 리듬을 찾아보길 바란다.

"난 스트레스로 술을 마셔."라고 생각한다면, 스트레스가 없는데 술 마시고 싶어서 스트레스가 있다고 핑계 대는 건 아닌지 생각해보길 바란다.

혹시 새벽형 인간이 되면 재미가 없을 것 같다고 생각하는 사람 있을지 모르겠다. 절대 그렇지 않다고 장담한다. 예전에 어느 낚시꾼 형과 나눈 이야기가 생각난다. 내가 낚시꾼 형에게 "나는 낚시를 무슨 재미로 다니는지 이유를 모르겠다"고 말을 했고, 낚시꾼 형이 대답했다. "나는 생각을 정리할 일이 있으면 낚시를 해."

낚시꾼 형이 생각을 정리할 때 낚시를 하러 간다고 대답했지만, 내 귀에는 그 말이 낚시하는 동안에 '자기 자신을 보는 시간을 가진다.'라는 말로 들렸다.

새벽 시간을 사용한다는 것은 다른 사람이 아닌 '나를 만나는 시간'이 늘어나는 일이라고 생각한다. 성공한 사람 혹은 좋은 사람을 만나는 가장 빠른 방법은 내가 먼저 좋은 사람이 되어서 '나'를 만나는 것이다. '나를 만나는 시간'이 늘어나면 나에 대한 이해가 높아진다.

테스형이 말하길 '너 자신을 알라'고 했다.

유튜브, SNS 알람 모두 꺼버려라

당신이 이 책을 읽고 있는 시기가 언제인가? 이 책은 2021년 4월부터 8월까지 썼다. 이 기간은 전 세계가 코로나로 고생하고 있는 시기이다. 지금도 나는 도서관에서 마스크를 쓰고 이 책을 쓰고 있다. 역설적이게도 코로나 시대는 다른 곳에 신경을 쓰지 않고, 혼자 시간을 가지며 힘을 기를 수 있는 시기라고 생각한다.

사이토 다카시의 저서 『혼자 있는 시간의 힘』의 글을 소개한다. 독자님도 같이 읽으며, 다시 힘을 내보는 계기가 되었으면 좋겠다.

"친구와 함께 안락한 날만 보낸 사람은 갑자기 혼자가 되었을 때 외로움을 감당하지 못한다. 애초에 뭘 해야 할지를 모르니, 그저 단골 술집에 들러 좋아하는 술이나 안주가 나오면 기뻐하는, 발전 없는 즐거움이 인생의 목적이 돼버린다. 단골 술집에서 낯익은 사람들과 잡담을 나누다가 돌아와 잠자리에 드는 인생이라면 고독하지 않을지는 몰라도 후회 없이 살았다는 생각을 하기는 어려울 것이다."

딱 과거의 내 모습이 떠오른다. 나는 위 대목을 읽으면서 목표나 희망 없는 내가 먼저 떠올랐다. 목표나 희망이 떠오르지 않아도 된다. 걱정하지 않아도 된다고 말씀드리고 싶다.

거듭 강조하지만 좋은 습관들을 실천하면 알아서 작은 목표들이 잠재의식에서 의식 세계로 떠오른다. 그러면서 자신감도 생기고, 큰 목표도 다시 기억나게 된다. 목표가 없는 게 아니다 가라앉아 있는 것이다.

나는 나를 HSP(High Sensitive Person)라고 생각한다. 즉, 섬세한 사람이라고 생각한다. 나는 과거에 휴대폰 어플(App) 알람 하나에도 신경을 쓰곤 했다. 내가 좋은 생각을 행동으로 옮기지 못했던 부분에는 '예민함'의 방해가 일부 있었다고 생각한다. 오해 말길 바란다. '예민함'을 '섬세함'으로 단어만 바꾸면 무기가 되니까 말이다.

예민함을 어떻게 줄여볼까 하다가 최대한 심플하게 살아보기로 하였다. 심플하게 산다는 거는 노래 가사 말처럼 자기 색깔을 찾는 과정이기도 한듯하다. '윤종신, 빈지노(Beenzino)' 의 'The Color'라는 곡을 꼭 한 번 들어보길 바란다.

나는 심플라이프를 위해서 우선 사용하지 않는 전자제품·전자기기들을 팔아버렸다. 보이는 것부터 먼저 정리해나갔다. '65인치 TV', '플레이스테이션 게임기', '전자패드', '여유분의 노트북' 등이 있다. 집에 TV가 없으면 어색할 것 같지만 전혀 어색하지 않다.

이런 정리정돈을 해보면, 물건들을 정리하는 과정에서 자연스레 배우는 게 있다. 사용하지 않는 물건들을 정리하며 든 생각은 내가 '과거'에 얽매이지 않고, '미래'를 보기 시작했다는 것이었다. '성공학', '부자학' 책들을 보면 공통으로 나오는 내용이 있다. 성공자들은 '과거'를 빨리 흘려보낸다. 비워야 더 좋은 것들을 채울 수 있는 법이다.

나는 심플라이프를 위하여 미디어 서비스에 대한 의존도를 최대한 낮추었다. 1-4장에서 잠시 다뤘지만 자신이 구독하고 있는 유튜브 채널들을 주기적으로 점검해보길 바란다. 자신도 모르는 사이에 자신의 잠재의식에 무엇들을 넣고 있는지 점검해야 한다.

"뉴스를 봐야지." 맞는 말이긴 하다. 하지만 뉴스는 걸러서 볼 줄 알아야 한다. 요즘 뉴스는 광고판처럼 자극적인 기사 일색이다. 기사를 통해 이득을 볼 사람이 누구인지 생각해봐야 한다. 비난이 아닌 비판의 시각으로 볼 수 있어야 한다. 어르신들이 뉴스를 봐야 한다고 생각하는 건 과거 독재 정부 시절 '세뇌 교육' 때문일 것이다.

택시기사님과 대화해본 적 있을 것이다. 택시기사님들은 다양한 뉴스를 계속 접하기 때문에 뉴스진행자보다 뉴스를 더 잘 알고 계신다. 편향된 성향의 기사님께 걸리는 날이면 귀에서 피가 나기도 하고, 균형 잡힌 시각의 기사님께 걸리는 날에는 멋진 뉴스논평을 듣기도 한다. 가끔 식당 사장님들이 유튜브를 큰소리로 보고 있는 걸 볼 수 있다. 열에 아홉은 정치 유튜브이다. 알다시피 말도 안 되는 유튜브들도 꽤 많다. 어르신들이 마음 둘 곳 없어 그런 유튜브 채널에 한눈파시는 게 안타까울 뿐이다.

미디어 의존으로는 넷플릭스 같은 OTT(Over The Top-인터넷을 통해 볼 수 있는 TV) 서비스도 있다. 보지 못한 드라마를 아까워하지 말고 단호하게 구독을 해지하자. 이 책의 다른 장에서도 다뤘지만 OTT보다 더 좋은 것들이 인생에 들어오면 미디어 구독서비스는 자동으로 멀어진다.

'미니멀리스트', '심플리스트', '비워내기'같은 개념들은 결국 좋은 것들을 다시 채우기 위해 하는 것이라는 생각이 든다. 우리 마음의 90%를 차지하는 무의식의 '습관'을 좋은 습관들로 어느 정도 채우고 나면, 그다음은 무엇을 채우고 싶을까?

좋은 습관 만들기가 습관이 된 사람들은, 한발만 뻗으면 이제 어디로든 갈 수 있다. 정신력과 체력을 더 키우기 위해 운동대회에 참가할 수도 있을 것이고, 돈을 더 벌고 싶은 사람은 돈 공부를 본격적으로 하게 된 계기가 될 수도 있을 것이다.

　나의 경우는 좋은 습관 만들기를 반복하다가, 책을 쓰게 되었다. 막상 책 쓰기에 호기롭게 도전했지만, 그 과정은 순탄치 않았다. 책 쓰기는 이메일을 장문으로 보내거나, 블로그에 글을 쓰는 것과는 많이 달랐다. 무엇보다 수험생들처럼 책상에 오랜 시간 앉아 집중할 수 있는 능력이 필요했다.

　나는 집중력에 대해 알아가는 과정에서, 집중력과 비워내기의 연관성을 알게 되었다. 제갈현열·김도윤의 저서『최후의 몰입』이라는 책에서는 집중력에 대해 다음과 같이 설명하고 있다.

"몰입에 대해 알아갈수록 몰입한다는 것은 무언가를 배우고 채우는 것이 아니라 하나씩 비워내는 것이 아닌가 하는 생각이 들었다. 결국 목표에 몰입한다는 것은 이루고 싶은 수많은 것들 중 하나를 선택하고 나머지 것들은 다 버리는 것이 아닐까. 지금까지 목표에 몰입하는 데 필요하다고 말했던 성향들도 이러한 맥락 안에 있는 것이다."

　방의 정리 상태와 마음의 정리 상태가 같다는 이야기를 들어봤을 것이다. 나는 마음의 정리정돈 상태가 스마트기기의 어플(App) 및 아이콘 정리 상태와도 연관성이 있다고 본다. 휴대폰을 바꾸면서 서랍에 넣어둔 예전 스마트폰을 꺼내 보았다. 어플들이 어수선했다. 아이콘들이 재미와

쇼핑 위주로만 구성되어 있다. 스마트폰의 아이콘들도 어디 있는지 찾기가 힘들다. 반면 현재 정리가 잘되어 있는 상태의 스마트폰을 보면 어떨까?

첫 페이지-캘린더, 일정 관리, 명함관리, 카톡, 시간 관리, E-book App
두 번째 페이지-은행, 카드, 교통, 부동산
세 번째 페이지-기타 등등

현재 사용 중인 스마트폰은 위와 같이 아이콘들이 정리되어 있다. 관련성 있는 어플(App)끼리 모여 있다. 그리고 빨리 찾을 수 있는 구조를 만들려고 노력했다. 개인적으로 폴더가 늘어나면 더 헷갈릴 것 같아 바탕 화면에서 바로 클릭할 수 있는 구조로 구성했다.

하루의 '짬시간'을 어떻게 보내는가? 나도 여지없이 스마트폰을 만진다. 사람에 따라 다르겠지만 코로나 '안전안내문자'에 조금씩 스트레스가 있으실 것이다. 안전을 위해 어쩔 수 없는 부분이다. 시대를 탓하면 답이 없다. 내가 세상 탓을 많이 해봐서 안다. 이 장의 서두에서 말한 바와 같이 코로나 시대는 위기의 시대이다. 그러나 위기는 언제나 기회다. 코로나 시대는 '좋은 습관'들과 '집중력'을 기르기 위한 최적의 시간이기도 하다.

인정하기 싫지만 나는 집중력이 별로 없는 편이다. 그래서 집중하기 위해서는 좀 단순해질 필요가 있었다. 이번 장에서 말하고자 하는 나의 메시지는 간단하다. '좀 단순해지자 그리고 나에게 집중하자'이다.

이와 관련성 있는 기사를 소개한다.

"영상과 달리 멀티태스킹이 가능하단 점이 꼽힌다. 동영상 콘텐츠 시청은 정해진 시간 동안의 집중을 필요로 한다. 영상을 보면서 다른 일을 하기가 쉽지 않다. 반면, 오디오 콘텐츠는 두 손이 자유롭다. 원하는 콘텐츠를 들으며 업무도 볼 수 있고, 친구와 연락도 할 수 있고, 취미생활도 할 수 있다. 한 번에 다양한 활동을 추구하는 MZ세대에게 동영상보다 더 적합한 미디어인 것이다."

(참고 : 〈헤럴드경제〉 "'동영상 피로사회'…MZ세대 '감성 오디오콘텐츠'에 기대다", 2021.06.23.)

MZ세대는 똑똑하다. 지금은 MZ세대가 기성세대를 배우는 만큼, 기성세대도 MZ세대를 배워야 하는 시대이다.

이번 장을 정리하면 다음과 같다.

첫째, 코로나 시대는 혼자 있는 시간을 활용하여, '좋은 습관'과 '집중력'을 키울 수 있는 시기이다.

둘째, 좀 단순해지자 그리고 나에게 집중하자. '심플리스트', '미니멀리스트', '비우기' 등. 뭐라고 불러도 좋다. 필요 여부가 아닌 현재 사용 여부에 따라 물건을 정리하자. 스마트폰의 바탕화면과 앱도 정리하자.

셋째, 유튜브 구독 채널을 통해 나의 잠재의식에 무엇을 넣고 있는지 점검하자.

넷째, 유튜브 · 인스타 · SNS 등 알람을 끄고 내 인생에 집중하자. 작은 좋은 습관들에 집중하는 게 인생에 집중하는 것이다.

절반은 습관, 절반은 회복탄력성이다

회복탄력성이라는 단어를 들어본 적 있을 것이다. 21일 습관의 완성은 환경변화에 대한 '회복력' 혹은 '회복탄력성'을 알아야 비로소 완성된다고 생각한다. 회복탄력성에 대해 다루고 있는 책들에서는 주로 '주변인의 죽음', '질병', '사업실패'와 같은 큰 역경을 이겨내는 힘으로써 회복탄력성을 다루고 있다. 이 책에서는 회복탄력성을 '회복력' 혹은 '대응력'같이 좀 더 포괄적인 의미로 사용하려 한다.

예를 들면 상갓집에 갈 일이 있어 귀가가 늦은 다음날 아침, 피곤하지만 나와의 약속을 지키기 위해 헬스장으로 향하는 모습을 상상해보자. 너무 사소하게 느껴지는가? 글의 후미에 다시 다루겠지만 인터넷에 흔하게 나와 있는 'ㅇㅇ운동 30일 완성 후기'보다, 어려운 환경에서도 애쓰며 지켜온 '당신의 운동 달력의 동그라미 25개'가 훨씬 빛난다는 걸 알아야 한다.

회복탄력성에 관해 다루는 책 중 추천하는 책으로는 연세대학교 김주환 교수의 『회복탄력성』이라는 책이 있다. 회복탄력성을 이해하는 데 있어 핵심적인 내용이라고 생각되어 좀 길지만 요약하여 옮긴다.

"하와이 카우아이 섬에서 사회과학 연구가 진행되었다. 섬의 주민은 대대로 지독한 가난과 질병에 시달려 주민 대다수가 범죄자나 정신질환자였고 1955년에 섬에서 태어난 모든 신생아 833명을 대상으로 어른이 될 때까지 추적 조사했다. 양육 환경만으로도 사회적응 가능성에 대해 분석할 수 있는지의 연구를 위해 가장 열악한 환경에서 자란 201명을 추려냈다.

201명 중 문제를 일으킨 아이는 3분의 2 정도였다. 3분의 1에 해당하는 72명은 훌륭한 청년으로 성장했다. 심리학자 에미 워너 교수는 '무엇이 아이들을 사회부적응자로 만드는가.'라는 질문을 버렸고 반대로 '역경에도 불구하고 무엇이 아이들을 정상적으로 유지시키는가?'라는 질문으로 연구를 하기 시작했다. 그리고 여기에 '회복탄력성'이라는 이름을 붙였다."

연구의 결론은 이렇다. 역경에도 정상적으로 자란 아이들의 공통점은 '인생 중에 자신의 입장을 무조건적으로 이해해주고 받아주는 어른이 적어도 한 명은 있었다.'는 점이다. 톨스토이 말대로, 사람은 결국 사랑을 먹고 산다는 것이 카우아이 섬 연구의 결론이다.

그렇다면 '회복탄력성'은 어린 시절 경험에 의해서만 결정되는가? 다행히도 그렇지 않다고 한다. 연구를 통해 어른이 된 이후에도 스스로의 노력과 훈련에 의해서 회복탄력성이 얼마든지 높아질 수 있다고 밝혀졌다.

『회복탄력성』에서도 성인의 회복탄력성을 높여주는 방법들을 소개하고 있으니 참고하기 바란다. 이 책 4-1장에서 총정리하고 있는 '마음의 병 셀프 탈출 기법'들도 회복탄력성을 기르는 여러 방법으로부터 영향을 받았다.

내가 가진 회복탄력성에 대해 말하자면 '나는 유전적으로는 회복탄력성이 그리 높지 않다고 생각한다.' 그러나 우리는 유전자를 무시하고, 후천적으로 얼마든지 회복탄력성이 높은 사람이 될 수 있다. 후성유전학이 발전함에 따라 더 이상 조상 탓도 하기 힘들게 되었다. 기존에 회복탄력성을 얼마나 가졌는지는 중요하지 않다고 생각한다. 우리는 회복탄력성을 연구하는 사람이 되려고 하는 것이 아니다. 현재와 미래에 회복탄력성을 누구보다 많이 가진 사람이 되려고 하는 것이다. 우리의 '마음의 힘'

은 상상할 수 없을 정도로 강력하고 위대하다. 설기문 박사의 저서 『YES I CAN : 나를 바꾸는 강력한 이미지트레이닝』의 내용을 함께 보자.

"에릭슨 최면의 창시자인 밀턴 에릭슨은 고등학생 시절 심한 소아마비에 걸려 온몸이 마비되는 고통을 겪었다. 당시에 그는 어쨌든 움직여보겠다는 일념으로 몸의 근육과 그 움직임을 하나씩 상상하고, 근육이 움직일 때의 신경적 작용이나 느낌을 느껴보는 식으로 근육을 움직이는 연습을 반복적으로 했다고 한다. 몸속의 근육을 상상하는 시각적인 이미지와 함께 그 움직이는 느낌에 바탕을 둔 촉각적인 이미지를 그리는 훈련을 반복하였고, 그 결과 그는 일어설 수 있었다."

기적은 강한 믿음으로부터 시작한다. 종교적인 이야기를 하는 것이 아니다. '회복탄력성'이라는 단어는 큰 시련을 이겨낸 사람만이 가질 수 있는 게 아니라, 평범한 사람도 누구나 키울 수 있는 마법의 단어라는 것을 믿어야 한다. "그래 믿어볼까?"라고 생각하는 순간, 우리의 잠재의식에도 깊게 새겨질 수 있다.

습관의 완성에 있어, 회복탄력성에 대한 이해는 중요하다. 습관을 실행하는 것만큼이나 중요한 것이 있다. 습관 실행에 실패했을 때의 회복력 즉 '다시 하는 힘'이다. 내가 습관과 회복탄력성을 함께 생각하게 된 계기가 있다.

한참 습관 만들기에 재미를 붙일 때의 일이다. 거래처 직원분들과 등산 후 술자리를 가지게 되었다. 회차를 거듭하며 술자리를 하게 되었다. 결과는 만취였다. 술에 취해 집에 돌아오지 못하고, 근처 모텔에서 자야 했다. 아침에 모텔에서 눈을 뜨고는 "왜 이렇게 살까?"라는 생각이 들기도 했다. 과거에는 술을 많이 마신 다음 날이면 아무것도 하지 못하고 무기력에 빠져들었다. 무기력은 주말에 끝나지 않았다. 주말을 이어서 평일까지 연결되었다.

나는 달라지기로 하였다. 무기력한 사람으로 남지 않기로 마음먹었다. 숙취로 힘들었지만, 집안일을 하며 최대한 빨리 일상으로 되돌아가는 데 집중했다. 숙취로 머리가 깨질 듯 아프고 토할 것 같았다. 그러나 침대에 누워 있기보다, 움직이며 회복하기를 택하니 한결 기분이 나아졌다. 다시 '습관' '불안' '회복탄력성' 책을 꺼내 들었다. 과거처럼 주저앉지 않겠다고 굳게 마음먹었다.

게일 가젤 지음의 『하버드 회복탄력성 수업』에서도 회복탄력성 계발의 출발점은 자기돌봄(Self-Care)에서부터 시작된다고 말하고 있다.

"역경에 대처하는 방식은 사람마다 다르다. 그 방식에 하나의 정답이 있는 건 아니다. 모든 경우에 들어맞는 모범적인 반응이 있고, 결과도 같아야 하는 게 아니다. (중략) 회복탄력성을 계발할 때 자신이 성장한 정도를 어떤 식으로 평가하는가. 우리는 대부분 자신에게 높은 점수를 주지 않는다. 하지만 너그러움과 공감이야말로 회복탄력성의 주춧돌이다."

"건강한 밥상을 차릴 시간적 여유가 없다고 말한다. 잠을 더 자는 건 자기 탐닉이라고 말한다. 스트레칭이나 운동보다 더 중요한 일이 많다고 말한다. (중략) 그래서 비싼 대가를 치르고야 만다. 타인을 돌아보지 못하고, 자신은 번아웃 되고, 우울증으로 침체되고, 생산성은 저하된다. 연료 없이 달릴 때 어떤 일이 벌어지는지 생각해보자."

많은 책에서 회복탄력성은 큰 역경을 이겨낼 수 있는 힘으로 소개하고 있다. 나는 세 번에 걸쳐 마음의 병을 앓았고, 가족을 돕기 위해 두 번이나 신용불량자가 되는 경험을 해야 했다. 나에게도 확실히 회복탄력성의 개념이 큰 도움이 되었다. 꼭 큰 역경이 아니더라도 '회복력' '적응력' '대응력'에 대한 개념은 우리 인생 전반에 있어서 아주 중요한 요소이다.

나는 인터넷에서 흔하게 볼 수 있는 'ㅇㅇ운동 30일 완성 후기'보다, 2% 부족한 당신 운동 달력의 동그라미 25개에 찬사를 보낸다. 4-4장에서 자세하게 다루겠지만 습관앱에 당신이 실행에 성공한 습관의 사례들을 기록해보자. 동그라미 치지 못한 날짜에 간단하게라도 '하지 못한 이유'를 메모해두자.

시간이 흘러 당신의 습관 성공 동그라미들을 보며 감동을 할 것이다.

어쩌면 '다시 실행 한 날'에 더 큰 감동을 느끼게 될지도 모른다. 당신이 어떻게든 해내려고 했던 그 순간의 애쓰는 마음이 그대로 기억날 것이다.

나는 과거에는 좌절하는 것이 습관이었다.

하지만 지금은 회복하는 것이 습관이 되었다.

습관은 위대하다. 큰 역경을 이겨내는 회복탄력성마저 작은 회복 습관들의 결과이다.

몸 자세를 바꾸면 마음 자세도 바뀐다

혹시 자신의 평소 자세에 대해 생각해본 적 있는가? 나는 자세 바로잡기 습관이 소화불량 및 마음가짐 상태까지 바꿀 수 있다는 것을 몸으로 체험하였다. 특히 '자세 고치기'는 수시로 할 수 있기 때문에 '미소 짓기' 만큼이나 우울한 사람의 '긍정적 정서'를 높이는 데 효과적인 습관이라 할 수 있다.

우리는 중요한 자리에 갈 때 의식적으로 옷매무새를 정리한다. 마찬가지로 자세를 바로잡으면서 의식적으로 마음도 바로잡을 수 있다. 자세를 바로잡을 때마다 하고 있는 일에 대한 마음 자세도 달라짐을 느낄 수 있다. 마치 옷을 입는 것처럼 마음이 몸을 입고 있다고 생각해보자.

'자세 고치기'는 자신감 상승에도 중요한 요소이다. 송영민 작가님의 저서 『자세 하나 바꿨을 뿐인데 사람들이 나를 대하는 게 달라졌다』의 내용을 참고하길 바란다.

"대부분 선수들은 승리를 했을 때 장애인과 비장애인 구분 없이 머리를 뒤로 젖히고 공중을 향해 주먹을 날리고 가슴을 내밀었다. 패자는 어깨를 늘어뜨리고 고개를 숙이고 몸을 움츠렸다. 특히 주목할 점은 장애인 선수 중 12명이 선천적인 시각장애인이었다. 그들은 한 번도 승리하거나 패배했을 때 다른 사람이 취하는 자세를 눈으로 관찰해본 적이 없는 사람들이었다. 그럼에도 그들 역시 비장애인과 같은 자세로 승리의 기분을 만끽했다. 이처럼 자세는 마음의 광고판이다. 이것은 매우 본능적이고 자연스러운 행위다."

나는 위 단락을 읽고 설명하기 힘든 감동을 느꼈다. 마치 내 방의 청소 상태와 내 마음의 상태를 비교하듯, 몸의 자세와 마음 자세는 닮아 있다는 생각이 들었다.

옷을 입는 것도 마음 자세와 연관성이 있다. 작가 프로필 사진을 찍기 위해 정장을 구매할 때의 일이다. 나는 평소에는 중저가 브랜드의 기성복 정장만을 구매했었다. 주머니 사정이 그리 넉넉하지는 않았지만, 백

화점에서 정장을 맞추기로 마음먹었다. 결과는 대만족이었다. 점장님이 셔츠 팔 길이까지 내 체형에 맞게 옷을 맞춰 주었다.

작가로서, 강연가로서 자신감 넘치는 나를 상상하며 정장을 구매했다. 가끔 옷장을 열면서 정장을 보며 이 옷을 자주 입겠다고 다짐했다. 우리는 주로 옷에다가 몸을 맞추려 한다. 가끔은 몸에다가 옷을 맞춰서 색다른 자신감을 느껴보길 바란다.

물론 연예인들이나 배우들은 역할이 바뀌기 때문에 옷에다가 몸을 맞춰야 하는 경우가 많다. 뮤지컬 배우 옥주현의 저서 『내 몸의 바운스를 깨워라』의 내용을 소개한다.

"68kg의 뚱뚱한 옥주현이었다면 엘리자벳 황후라는 환상적인 배역은 내 것이 되지 못했을 것이다. 엄청난 부피와 무게의 드레스 자락을 자유자재로 휘감으며 무대 위에서 황후의 카리스마를 제대로 표현하는 것도 운동으로 빚어둔 체력과 꼿꼿한 자세가 아니었다면 불가능했을 것이다."

가수이자 배우인 옥주현은 현재 뮤지컬계의 탑배우이다. 걸그룹 핑클을 기억하는 사람이라면 과거의 옥주현을 기억할 것이다. 통통한 편이라 걸그룹 멤버로서는 다소 어색하다는 평을 받았던 그녀의 모습을 말이다. 그녀의 훌륭한 몸 관리 습관에 박수를 보낸다. 내가 그녀에게 박수를 보내는 데는 이유가 있다.

그녀가 책에서 밝히고 있는 바와 같이 '덩치 크다'라는 말은 어쩔 수 없이 한동안 그녀를 따라다녔다. 우리는 누구나 타고난 체형이 있다. 자신의 강점을 살리는 운동은 웬만큼 노력하면 할 수 있지만, 체형 자체를 바꾸는 운동에는 플러스알파가 필요하다. 지금 우리가 옥주현의 몸매를 보면 어떤가? 큰 키와 시원시원한 팔다리가 장점으로 보일 뿐이다. 그녀는 책에서 발레 스트레칭으로 '짧은 목', '넓은 몸통' 체형까지 매력적으로 바꿨다고 밝히고 있다.

몸과 마음의 자세를 말할 때, 호흡법을 빼놓고는 이야기할 수 없다.

나는 최면전문가로부터 호흡훈련을 받기도 했다. 최면과 명상 모두 과학의 분야이다. 명상은 전문적으로 훈련하지는 않았지만, 유튜브와 앱(App)등을 통해서 접해본 결과 심신 이완에 들어가는 과정의 호흡법이 최면과 거의 유사하다는 점을 알게 되었다.

심신을 이완하며 불안을 감소시키고, 개인의 자원을 극대화할 수 있다는 점에서 그 목적이 최면과 명상은 동일하다고 생각한다. 이 책에서는 최면보다 대중적인 명상에 대해 살펴보려 한다.

와타나베 아이코의 저서 『세계의 엘리트는 왜 명상을 하는가』에서는 글로벌 기업이 실생활에 적용하는 명상 사용법을 다음과 같이 설명하고 있다.

"글로벌 기업인 구글은 이미 마음 챙김(Mindfulness) 명상법을 기반으로 한 직원 교육 프로그램을 자체적으로 개발해 활용하고 있습니다. 게다가 최근에는 나이키, 야후와 같은 세계 10대 기업이 명상을 사내 프로그램 중 하나로 도입했다는 'OnlineMBA'의 기사가 화제가 되기도 했습니다."

구글이 개인의 '마음 챙김'에 관심을 가지는 이유가 무엇일까? 당연히 개인의 자원을 극대화하여 그 효과를 회사이익과 연결 짓기 위해서일 것이다. 이처럼 '마음 챙김'은 음지에 있지 않다. 의도가 개인 자원의 극대화이든 '치유'를 위한 접근이든 말이다.

최면이나 명상은 아침저녁으로 하면 효과가 극대화된다고 알려져 있다. 그러나 직장인들은 출퇴근 시간을 포함하여 10~12시간 정도를 회사에서 보내는 경우가 대부분이다. 바빠서 최면과 명상이 힘들다면 평소에 자세와 호흡을 고르게 할 수 있도록 노력해보자.

권경임의 저서 『아이의 집중력을 높이는 그림책 명상의 힘』에서는 심호흡에 대해서 아래와 같이 설명하고 있다.

"실제로 숨이 가빠 넘어갈 듯 차오르고 뜨거운 것들이 마구마구 올라올 때 천천히 심호흡을 하는 것만으로도 진정이 된다. 마음과 감정을 반영하고 있는 호흡의 조절은 자율신경계를 안정시켜 마음을 평온하게 해 준다. 모든 문제는 마음으로부터 시작되고 마음으로부터 해결된다. (중략) 무엇보다 중요한 내면의 정신근육을 위한 훈련을 더 이상 늦추면 안 되는 이유다."

평소 자세가 나쁘다면 습관 어플에 반드시 '자세 고치기'를 추가하시기 바란다. 특히 사무직이고 활동량이 적다면 필수적으로 '자세 고치기'를 할 필요가 있다.

과거의 내가 사무직이고 활동량이 적으면서, 우울하고 무기력한 사람 이었다. 누구보다 '자세 고치기'와 '심호흡'에 대한 효과를 톡톡히 봤기 때 문에 드리는 말이다.

'자세 고치기'에 대한 방법을 우리는 본능적으로 잘 알고 있다. 우선 의 자에 앉을 때 엉덩이를 최대한 밀어 넣고, 허리를 곧게 펴고 앉는다. 사 무직은 대부분은 컴퓨터 작업을 오래 하게 된다. 일반적으로 정자세를 취한 상태에서 눈을 모니터의 위쪽과 맞춰주면 거북목을 예방하는 데 도 움이 된다. 컴퓨터 책상에 앉는 자세는 인터넷에 있는 사진 정보 들을 참 고하면 더 큰 도움이 된다.

팀장님이나 사람들과 커뮤니케이션을 잘하고 싶다면 화법을 연습하기 에 앞서, '자세 고치기'와 '심호흡'부터 해보길 바란다. 대화할 때 마음가짐이 달라진다.

습관 만들기 2주차쯤 되었던 때로 기억한다. 당시에는 최면이나 명상 호흡법에 대한 개념도 없을 때였다. 다만 인터넷 검색을 통해 숨을 코로 들이마시고 입으로 천천히 내뱉는 호흡을 아는 정도였고, 사무실에 있을 때면 자세를 바로 하고 호흡을 천천히 하려고 노력했다.

어느 순간, 갑자기 내 심장박동과 호흡이 느껴졌다. 설명하기 힘든 감정이 느껴졌다. 불안하거나 몸이 허약할 때 느껴지는 그런 떨림이 아니었다. 무엇인가에 감동받을 때의 느낌이었다. 뭐랄까? 내가 살아 있다는 느낌이 들었다.

올바른 자세의 또 다른 장점도 알게 되었다.

나는 당시 항상 속이 더부룩한 증상이 있었는데, 자세를 고친 이후 소화도 잘되기 시작했다. 변비가 있으신 분들은 꼭 자세를 바르게 바꿔보길 바란다. 사무실에서 앉는 자세가 바뀌면 자연스럽게 걷는 자세도 당당하고 여유롭게 바뀐다.

하루에 제일 시간을 오래 보내는 곳에서 수시로 할 수 있는 습관 만들기이므로, 아주 빠르게 습관을 만들 수 있다. 자세가 당당하게 바뀌면 말할 때의 태도도 당당하게 바뀐다는 것을 잊지 말자.

바른 자세 습관이 만들어지면 구부정한 자세의 사람들이 눈에 띄기 시작한다. 직장에서 당당하지 못하거나 병약한 사람의 자세를 살펴보길 바란다. 일반화하기는 힘들겠지만, 자세가 좋지 못한 사람은 얼굴 표정도 밝지 않다는 것을 알게 될 것이다.

06

자존감을 찾는 긍정 셀프 대화법

당신은 부정적인 생각이 들 때 대처하는 방법이 있는가? 나는 과거에 머리에 떠오르는 생각이 모두 나의 것이라고 받아들였다. 부정적인 생각이 계속해서 떠오를 때의 대처법을 몰라 너무 긴 시간 동안 괴로워했다.

게다가 사람들에게 "별거 다 신경 쓰네.", "오만 가지 생각 다 하네.", "너무 예민한 거 아니야?", "생각 좀 그만해.", "니가 왜 그런 걸 생각해?"라는 말을 들을 때마다 점점 소심해져갔다. 개인적인 생각으로는 예민한 사람은 살면서 불편한 점이 좀 있다. 그래서 예민한 사람일수록 다른 사람보다 많이 달려 있는 센서들을 어떻게 장점으로 만들지 연구가 필요하다. 예를 들면 '예민'을 '섬세'로 '불안'을 '설렘'으로 받아들일 수 있는 긍정적인 훈련도 좀 필요하다.

어떤 이야기를 다른 사람에게 털어놓으며 시원한 느낌을 받아본 적은 누구나 있다. 심리상담을 받아본 사람은 알 것이다. 상담받는 과정에서 피드백을 받지 않은 상태인데도, 말하는 과정에서 어느 정도 치유 받는 느낌 말이다. 사람은 하루에 5만~7만 개의 생각을 한다고 알려져 있다. 누구나 마음속에서 계속 말 걸어오는 대상이 있을 것이다. 바로 과거의 나이다. 나는 과거에서 계속 부정적으로 말 걸어오는 녀석에게 '과거의 생각맨'이라는 별명을 붙여줬다.

이번 장의 주제는 자기 이해와 관련되어 있다. 자기 이해를 높이는 방법으로 이 책에서는 2-8장의 일기 쓰기, 4-4장 '나에게 보내는 편지' 어플 사용하기 방법을 제시하기도 하였다. 우리가 일상생활에서 산책이나 명상할 때의 마음을 가지거나, 일기를 쓸 때의 정리된 마음을 가지기는 쉽지가 않다. 그래서 아래와 같이 인스턴트 메시지를 관리할 만한 자신만의 방법을 가져보는 건 어떨까 생각해본다.

1. '과거의 생각맨'과 관계를 새로 정립한다.

친구들을 사귀다 보면 누구나 느끼는 부분이 있다. 어느 친구와의 대화 주도권은 내가 가지고, 또 다른 친구와의 대화 주도권은 내가 좀 양보한다. 서로 존중하는 사이라면, 대화 주도권을 좀 준다고 해서 내가 손해 볼 게 없다. 그러나 '과거의 생각맨'과의 대화는 항상 내가 주도권을 가져야 한다. 과거의 그 친구는 그 순간의 단편적인 기억을 내게 줄 수 있을 뿐이다. 현재의 나는 그 순간의 기억, 감정, 그 후의 상황까지 모두 알고 있는 사람이다. 당신의 인생에 있어서 지금 당신이 가장 지혜롭다는 걸 잊지 말자.

2. '과거의 생각맨'의 의견을 받아쓰지 말고 받아친다.

과거의 나는 습관적으로 '과거의 생각맨'들이 하는 말을 그대로 들어주었다. 부정적이기만 한 의견에 대해서도 동조해주고 있었다. 머릿속에서 떠오르는 생각에 대해 옳고 그름을 따지지 않고, 모두 내 생각이라고 그냥 받아들였다. '과거의 생각맨'이 평생 헤어질 수 없는 친구라면 어떻게 관계를 재정립해야 할까? 현재의 내 긍정적인 생각을 받아치는 거다. "아닌데, 잘될 건데."라고 말이다.

3. '과거의 생각맨'을 너무 심하게 야단치지 않는다.

친구가 답답한 소리한다고 가끔 심하게 한소리 해본 적이 있을 것이다. 친구를 보고 싶은 날도 도움받아야 될 상황도 있다. 불러내도 나오지도 않고 시간이 한참 지나서야 관계가 회복된다. '과거의 생각맨'이 친구가 헛소리를 해댄다 싶으면 웃으면서 "아닌데. 진짜야. 내 말 믿어봐. 잘 될 거야."라고 받아친다. 그런데 가끔 '과거의 생각맨'이 20년도 넘은 부끄러운 기억까지 끄집어내서 나를 창피하게 하는 경우가 있다. 그럴 때는 웃으면서 뿅망치 정도로 '과거의 생각맨'을 때려서 잡생각을 재워놓는다.

혹시 본인만의 '잡생각' 퇴치법이 있는가? 우리는 도인이 아닌 이상 '잡생각'으로부터 완전히 자유로울 수는 없다. 일명 '잡생각'이 계속 떠오를 때 간단 생각법을 알려 드리겠다. 나는 이런 방법들을 '잡생각 퇴치 상상법'이라고 이름 붙였다.

첫째, '잡생각'을 뿅망치로 살살 때려서 잠재우기. 사실 '잡생각' 속에 아이디어들도 가끔 끼어 있다. 그렇기 때문에 너무 '잡생각'을 거칠게 다루면 필요할 때 찾아서 쓰기가 힘들다.

둘째, 눈알 굴리기. '잡생각'이 들면 눈알을 굴려보자. 후배가 가르쳐준 방법이다. '뿅망치' 기법을 가르쳐줬더니 자신도 있다며 '눈알 굴리기'를 가르쳐줬다. 재밌는 방법이다.

셋째, '잡생각'을 스마트폰 드래그 제스처로 화면 밖으로 보내기. 클릭 혹은 손가락 제스처로 '잡생각'을 날려버리자.

넷째, '잡생각'을 하얀 페인트로 칠하기. 참고로 나는 하얀 페인트로 칠한 다음에 투명 페인트로 다시 칠해서 없애버린다. 각기 자신만의 상상 기법으로 '잡생각 퇴치 상상법'을 만들어보기 바란다.

4. '과거의 생각맨'이 긍정에 대한 근거를 대고 증명하라고 한다.

긍정슈퍼파워로 부정적인 '과거의 생각맨'을 기죽여놨더니 이제는 긍정에 대하여 근거를 대라고 한다. 나와 '과거의 생각맨'과의 대화를 보자.

나 : "다시는 우울했던 과거로 돌아가지 않을 거야. 나 20년 동안 먹지 않은 아침도 먹고 있고, 저녁에 산책도 한다. '과거의 생각맨', 너는 한 번이라도 그래 봤냐?"

과거의 생각맨 : "그거 남들도 다 하는 거 아니냐?"

나 : "너는 친구가 나밖에 없는데, 남들 누구?"

위와 같이 '셀프 대화'와 2-8장의 '셀프 칭찬과 감사하기'를 함께하면 자기 자신에 대한 이해도를 더욱 빨리 높일 수 있다. 혹시 경주마들이 옆을 보지 못하도록 쓰는 '눈가면'을 아는가? 옆을 보지 못하게 하고, 앞만 보고 달리게 하는 장구를 말한다. 또 '망사 눈가면'이라는 것도 있다. 다른 말들이 달리면서 모래가 튀어 눈에 들어가는 것을 방지하기 위해 쓴다고 한다. 가끔 우리가 경주마처럼 살고 있는 것 아닌가 생각해볼 때가 있다. 자신을 연기자가 아닌 감독 입장에서 입체적으로 보도록 노력하자.

'긍정 셀프 대화'를 습관 만들기와 마찬가지로 내면의 아이를 다시 가르치는 느낌으로 해보길 바란다. 가끔은 '과거의 생각맨'이 억지도 부리고, 왜 긍정적으로만 생각해서 그런 선택을 했냐고 책망을 할 수도 있다. 그때 내면의 아이를 어떻게 대하겠는가? '화', '짜증'은 답이 아니라는 걸 당신은 알고 있다.

'긍정'이라는 주춧돌 위에 어떤 '마음' 재료들을 사용해야 행복에 가까워질까? 수많은 마음 공식들이 있겠지만 요즘 내가 주로 생각하는 것은 '고민 관점 바꾸기', '불확실성 받아들이기', '남과 비교하지 않기'이다.

첫째는 '관점 바꾸기'에 관한 기사의 내용이다. 조현 기자와의 인터뷰에서 법륜 스님은 다음과 같이 말하고 있다.

"인생에는 답이 없다."라며 "다만 다른 관점도 있음을 알려줄 뿐 즉답을 주는 게 아니다."라고 말한다. 즉, 자신이 하는 건 질문자와의 대화인 즉문즉설이지 즉문즉답이 아니라는 것이다. (참고 : 〈한겨레 신문〉 "법륜 스님, "관점을 바꿔보라"", 2020.09.29.)

둘째는 '불확실성 받아들이기'이다. 팸 그라우트 저서의 『E2 : 소원을 이루는 마력』이라는 책에서는 미국의 소설가인 '마크 트웨인'의 다음과 같은 어록을 인용하고 있다.

"우리가 모르는 것은 우리를 곤경에 빠뜨리지 않는다. 확실치 않은 것을 확실하다고 생각하는 것이 우리를 곤경에 빠뜨릴 뿐이다."

"긍정적으로 생각해. 다 잘 될 거야." 보편적인 지혜에 답이 있다고 생각한다. 불확실성을 받아들일 때 우리는 제 기량을 발휘할 수 있다. 불확실하니까 허무해지는 게 아니라, 불확실하니까 편안한 마음과 적당한 긴장감으로 최선을 다하면 되는 것이다.

셋째는 '비교하지 않기'이다. 닐 피오레의 저서 『웨이크 업』 중 '성공을 확신하는 진정한 믿음'이라는 단락의 글을 소개한다.

"이것은 모든 일이 완벽하게 진행되어서 우리가 어떤 실패나 물러섬 없이 목표를 이룰 수 있다는 확신을 가진다는 의미가 아니다. (중략) 진정한 믿음은 다른 누군가가 인간으로서의 당신 가치를 판단하도록 허용하지 않는다는 의미이다. 어떤 상황이 되던, 누가 어떤 말을 하든지 당신은 자신을 지켜낼 수 있다는 것을 믿는 것이고, 헛된 자아비판으로 스스로를 괴롭히지 않을 것이라는 자신감이다."

확신이라는 것은 자신감과도 연결된다. 지나친 자신감은 현실감각이 떨어지는 사람을 만든다. 그래서 우리에게는 적지도 많지도 않은 그 상황에 맞는 적당한 자신감이 필요하다. 이런 부분들은 마음 공부하는 사람들에게도 쉽지 않은 부분이다. 나는 그 '적당한 자신감'의 출발은 '남과 비교하지 않기'에서 온다고 생각한다. 남과 비교하지 않음으로써 자기 자신에게 최선을 다할 수 있는 상태가 된다.

07

불금을 잊어야 주말을 제대로 보낼 수 있다

혹시 토요일 아침에 몇 시까지 자는 습관이 있는가? 3-2장(직장인에게 필요한 이틀 생활계획표)에서 설명한 바와 같이 나는 토요일 아침에 지인과 운동하는 습관이 있다. 토요일 아침에 남들 평일 기상 시간에 일어나도 늦잠을 자고 싶다는 생각이 크지 않다. 평일 새벽에 일어나는 습관이 있기 때문에 주말에 한두 시간만 더 자도 개운한 느낌이 든다.

나의 경우 주말의 무기력함을 벗어난 이후에는 주말 낮잠 습관을 없애는 데 집중했던 것 같다. 나는 주말 낮잠 습관을 10년 이상 유지했다. 주말 낮잠을 소확행(작지만 확실한 행복)이라고 생각했던 것 같다. 주말 낮잠이 좋은지 나쁜지를 이야기하려는 게 아니다. 인터넷을 찾아봐도 낮잠의 장점이나 주의사항까지 자세하게 소개하고 있는 글이 많이 있다.

좋은 습관은 다른 좋은 습관들을 끌어들인다고 이 책에서 계속 강조하고 있다. 습관의 특징 중 하나는 해당 습관에 묻어있는 정서까지 같이 끌어들인다는 점이다.

낮잠이란 단어로 내 머릿속에 떠오르는 생각은 '집돌이', '무료함', '스트레스를 풀어야 되는 사람'이 연상된다. 물론 더 긍정적인 단어들이 연결되는 사람도 많을 것이다.

나에게 낮잠이란 서서히 멀어지고 가끔만 보고 싶은 친구이다. 주말에 낮잠 습관이 있는 사람이라면, '주말에 낮잠 안 자기'를 한번 시도해보길 바란다. 주말에 낮잠 안 자는 습관 만들기가 생각보다 힘들다는 것을 알게 될 것이다.

낮잠 안 자기 습관의 핵심을 말씀드리겠다. 낮잠을 안 자기 위해서는 '낮잠을 안 자는 것 자체'가 목표가 되어야 한다. 다른 대체 습관을 그 시간에 할당할 수도 있겠으나, 대체 습관이 사라지면 의식하지 못한 사이에 낮잠 습관이 돌아온다. 낮잠 안 자기 시간을 자유 시간으로 할당하되 집에서 시간을 보내지 않도록 노력한다. 낮잠 안 자기 대신 청소를 평소보다 강하게 하니, 졸음이 와서 자버린 경험이 있다.

제대로 쉰다는 것은 무엇일까? 휴식과 관련하여 글을 쓰는 게 여간 힘든 것이 아니었다. 살면서 '휴식'에 대해서 진지하게 생각해 본 적이 없어서인 듯하다. 휴식에 관해 글을 쓰기 위해 외국의 '휴식' 전문가들이

한 인터뷰를 보았다. 휴식 전문가들은 대체로 번아웃 증후군(burnout syndrome, 일명 탈진 증후군으로 불림)을 지속해서 겪은 사람들이다.

인터뷰를 보다가 특이하다고 생각한 점이 있다. 인터뷰에서 그들은 주당 50~60시간씩 일하고, 새로운 일들 때문에 앞의 일의 계획을 계속 수정해야 한다고 말했다. 나는 속으로 "한국인은 그렇게 안 사는 사람이 없는데….."라고 생각했다. 위에 글을 읽고 "에이! 뭐 그 정도 일하는 시간 가지고…."라며 코웃음 치는 사람도 많을 것이다.

그만큼 우리가 노동 시간이나 노동 강도에 대해 무덤덤하게 받아들이고 있는 것은 아닐까 생각해본다. 근로시간과 행복의 연관성에 대한 기사를 소개한다.

KDI 경제정보센터는 "세계 10위 경제 대국인 한국이 국민 삶의 만족도는 OECD 최하위권이었다."라고 분석했다. 이외 근무 환경이나 생활환경 측면에서도 한국은 OECD 국가 가운데 비교적 삶의 질이 낮은 것으로 나타났다. KDI 경제정보센터가 OECD 통계를 바탕으로 분석한 결과 2019년 기준 우리나라의 연간 근로시간은 1967시간으로, OECD 회원국 중 멕시코(2137시간) 다음으로 가장 길었다. 우리나라 근로자들은 OECD 평균(1726시간)보다 연간 241시간을 더 일한 셈이다.

(참고 : 〈데일리안〉 "한국, 국가 행복지수 OECD 37개국 중 35위…근로시간은 2위", 2021.05.19.)

'휴식', '삶의 질'이 저하되는 현상을 단편적으로만 볼 수는 없다. 분명히 세계에 유례없는 눈부신 성장을 우리는 이루어냈다. 밥 굶고 살았던 우리 부모님 세대 이야기를 하지 않아도 될 만큼, 우리 어릴 적하고만 비교해봐도 경제 성장 속도의 차이가 느껴진다. 접하기 힘든 값비싼 음식도 마음만 먹으면 언제든지 먹을 수 있는 정도이니 말이다. 외국에서도 프리미엄급의 참치회를 집에서 시켜 먹을 수 있는지 궁금하다. 그리고 나는 해외에서 우리나라 수준의 생활편의 서비스를 접해본 적이 없다. 다만 양적 성장을 이제 질적 성장으로 유도해야 하는 시대가 아닌가 생각해본다. 나는 '휴식', '삶의 질' 같은 키워드들이 머릿속에 떠오를 때면 항상 함께 검색해보는 것들이 있다. '자살률'과 '노인 빈곤율'이다.

내가 막 취업전선에 뛰어든 것은 2007년 즈음이었다. 그때만 해도 주6일 근무가 보통이었다. 이후 주5일제가 도입되었고, 현재는 완전히 안착하진 못했지만 주 52시간 근무제가 도입되고 있다. 분명히 노동시간 측면에서는 발전이 있는 상태이다. 그러나 '자살률'과 '노인 빈곤율'에는 발전이 없는 듯하다.

이 기사는 육성필 용문상담심리대학원대학교 교수, 양두석 안실련 자살예방센터장 가천대 교수와의 대담으로 이루어져 있다. 양두석 교수의 말에 의하면 코로나 1일 사망자에 비해 10배가 자살로 죽고, 우리나라 자살 예방예산은 일본 대비 1/66 비율에 불과하다고 한다.

(참고 : 〈YTN〉 "1일 38명, 韓 자살사망률, 코로나보다 심각해", 2021.07.19.)

노인 빈곤율은 또 어떤가?

"한국경제연구원은 4년 뒤엔 다섯 명 중 한 명이 노인일 것으로 예측했습니다. 그런데 안타깝게도 우리나라의 노인 빈곤율은 OECD회원국 중 1등입니다. 43%니까 조금 과장되게 말하면 노인 둘 중 한 명은 빈곤층입니다."

(참고 : 〈SBS〉 "[숫자로 본 경제] 한 발짝 더 다가선 '노인' 사회…6명 중 1명은 '어르신'" 2021.07.29.)

나는 최근에 책과 기사를 접하며, 휴식에 관한 생각이 달라졌다. 나는 휴식이라는 개념을 생각할 때, 억지로 휴식에서 일과 돈을 분리하려는 버릇이 있었던 것 같다. 휴식과 일을 철저히 분리하려 하기보다 조화를 이루는 게 더 좋은 방식이라고 생각하게 되었다.

EBS 다큐프라임 〈당신은 '일'이 아니다〉 편에 출연한 채프먼대학교 미나스 카파토스 교수는 인터뷰에서 아래와 같이 이야기하고 있다.

"한국 사람들은 매우 재능이 뛰어나 보입니다. 하지만 지나치게 진지합니다. 그것은 행복하지 않다는 것입니다. 그래서 묻고 싶습니다. 무엇이 잘못된 것일까요? 과도한 경쟁 때문입니다. (중략) 우리는 그 답을 바깥에서 찾으려고 합니다. 그리고 답을 찾지 못한 우리는 행복하지 않습니다. 더 많이 가져야 행복할 것 같은 강박으로부터 자유로워지는 것, 행복은 마음의 평온한 상태 그 자체이며 그 평온한 마음이 휴식입니다."

사실 우리는 미나스 카파토스 교수의 말이 어려운 말이라는 것을 알고 있다. 머리와 마음이 따로 논다는 느낌이랄까. 눈에 보이지만 맞추기 힘든 과녁처럼 말이다.

그러나 단지 인문학 분야에서만 휴식과 일의 조화가 강조되는 것은 아닌 듯하다. 〈보드룸 리포트〉가 선정한 미국 최고의 자기계발 트레이너 10명 중 한 명인 심리학 박사 닐 피오레 저자의『내 시간 우선 생활습관』이라는 책의 '놀기 우선 일정표' 아이디어에서 나는 휴식과 일의 조화에 대한 힌트를 얻을 수 있었다.

"보통 우리는 일하는 일정은 잡아놓지만 놀기에 대해서는 따로 일정을 잡아놓지 않는다. 그러나 놀기 우선 일정표는 그 순서를 뒤집어 놀고 쉬는 휴식 시간을 먼저 잡아 꼭 지키고, 일하는 시간을 30분으로 제한해 잠재의식 속에 일을 더 많이 하고 놀기를 덜 하고 싶은 의욕을 부추긴다."

참고로 『내 시간 우선 생활습관』이라는 책은 우리나라에서만 해도 거의 20년에 걸쳐서 '미루는 습관 지금 바꾸지 않으면 평생 똑같다'에서 '나우 NOW'로, 그리고 '내 시간 우선 생활습관'으로 제목과 표지만 바꿔서 꾸준히 출간될 정도로 유명하고 유익한 책이다.

과연 경주마처럼 달리고, 자신을 갈아 넣는다고만 해서 돈이 더 벌어질까? 나는 아니라고 생각한다. 나는 오히려 본인과 가족들과 시간을 더 보낼 때 돈 버는 아이디어도 잘 떠오른다고 생각한다. 많은 '돈의 법칙' 책들이 공통적으로 하는 이야기가 있다. "돈만 보고 달리면, 돈이 더 멀리 도망간다."

꿈보다 해몽이라고 했던가. 나는 위의 말을 이렇게 해석한다. 부자들은 쩨쩨하게 살지 말라고 한다. 이는 '마음'의 측면에서도 다르지 않다. 번아웃 증후군 등이 이어지는 상황이라면 심신이 굉장한 긴장 속에 있는 상태이다. 긴장감이 높으면 시야가 좁아질 수밖에 없다. 무슨 일을 하든 제 기량이 나오기 힘들다. 결국 돈을 벌려면 공부할 때 가져야 하는 '적당한 긴장감'과 같은 마음을 '삶'의 법칙에도 적용할 수 있어야 한다. 여유 있는 마음이 있어야 아이디어가 때를 만난다는 이야기다.

08

되고 싶은 사람에게 초점을 맞춰라

당신의 롤모델은 누구인가? 돌이켜 보면 인생의 변곡점마다 나에게 롤모델이 있었으면 어땠을까 하는 아쉬운 생각이 들 때가 있다. 어린 시절에는 위인전기를 좀 읽었다. 어린 마음에 위인전기가 재미는 있었지만, 교훈으로 받아들이지는 못했었던 것 같다. 옛날 사람들 이야기라 생각하며 그저 무덤덤하게 받아들였던 것 같다. 10대 중반부터 20대 초 · 중반까지는 나름 역경의 시대를 보내느라 꿈을 생각할 수 없던 시기이다. 그러다가 20대 중반부터 책을 다시 좀 보게 되었다. 당시 롤모델이라는 개념은 내게 없었지만, 막연하게라도 책을 읽어야겠다는 생각은 있었다. 우연히 읽게 된 마음공부 책에서 위로를 받고, 나도 언젠간 심리학 공부를 하겠다는 생각을 당시에 했던 것 같다.

2007년으로 기억한다. 정신분석전문의 김혜남의 저서 『나는 정말 너를 사랑하는 걸까』라는 책이었다. 사회 초년생 시절 대전의 한 반지하 원룸에 누워서 나는 이 책을 읽었다. 당시에 제일 많이 느끼고 있었던 감정은, 외로움과 공허함이었던 것 같다. 꽤 안정적인 회사에 취업하여 열심히만 살아가면 그만인 것 같아 보이기도 하였으나, 내면의 문제는 그대로였다. 이 책의 주제는 사랑이다. 책 소개 내용을 인용하면 이렇다.

"이 책은 운명적인 사랑만을 기다리는 사람들, 쉽게 사랑에 빠지고 쉽게 상처받는 사람들, 거절이 두려워 사랑을 시도조차 하지 못하는 사람들, 실연의 상처가 깊은 사람들, 어떤 이유로든 오랫동안 사랑을 못 하고 있는 사람들, 사랑 없이는 단 하루도 못 견디는 사람들, 절대 들키고 싶지 않은 상처를 가진 사람들 누구라도 공감할 만한…."

14년 전에 책을 읽으며 느꼈던 뭉클한 감정들을 잊고 살다가, 최근에 운동으로 뇌가 똑똑해져서인지 당시의 감정들과 마음들도 다시 떠올랐다. 당시 나는 심리학을 공부하러 대학원을 가볼까 하고 생각했었다. 그리고 10대 때부터 해결되지 않고 있던, 알코올 의존 문제를 해결하기 위해 대전알콜상담센터에서 '알코올 상담원 교육'을 받았던 것이 기억이 났다. 현재는 해당 센터가 '중독관리통합지원센터'로 이름을 바꾼 듯하다.

그리고 또 기억에 남는 책으로는 엘빈 토플러의 책이 있다. 우리가 이렇게 초 고도화된 인터넷 인프라를 갖출 수 있었던 이유는 김대중 대통령의 정보화 사업 덕분인데, 김대중 대통령은 감옥에서 엘빈 토플러의 『제3의 물결』을 읽고 '미래사회는 지식정보화 시대이다.'라고 생각했다고 알려져 있다. 엘빈 토플러의 『부의 미래』를 읽은 지 오래되어 내용은 기억나지 않는다. 하지만 그의 똑똑하면서도 따뜻한 말투가 기억에 있다. 이 책의 원고 집필이 끝나면 꼭 『부의 미래』를 다시 읽어볼 생각이다.

롤모델이 필요한 이유는 뭘까? 여러 가지 이유가 있겠지만 그 사람의 '지혜'를 얻을 수 있어서 일 것이다. 사실 청소년들뿐 아니라 어른들에게도 꿈·롤모델에 대한 제대로 된 코칭이 필요하다. 어른들이 그 기법을 배워야 의심 없는 아이들에게 꿈꾸는 법을 제대로 가르칠 수 있기 때문이다. 가장 빠른 분야인 '부자' '돈'에 대한 자식 교육은 코칭이 대중화되기 시작한 듯하나, '꿈'에 대한 교육은 아직인 듯하다. 물론 내가 트렌드를 몰라서 그런 걸 수도 있다.

롤모델은 꼭 사람이 아니어도 상관없다. 요즘의 내가 그렇다. 책을 쓰려면 책을 많이 읽기도 해야 하는데 많은 책들이 나의 스승이 되어주고 있다.

롤모델을 만드는 방법에는 2가지가 있다고 생각한다. 한 캐릭터에 대해 '깊이 알기'와 여러 캐릭터의 '장점 끌어 오기'이다. 깊이냐, 다양하게 보냐에 대한 시각의 차이지, 분리되는 개념은 아니다. 분명 어느 점에서 만나게 되어 있기 때문이다. 우선 내 개인적 취향을 이야기하자면 나는 후자에 가깝다. 책을 쓰면서 알게 된 사실인데, 나는 기존의 개념들을 모아서 모델링하여 가시화하는 데 재능이 있다. 그래서 직접 체득한 '마음의 병 셀프 탈출 기법'을 4-1장에서 제시할 수 있었다.

아무튼 내 취향이 후자이긴 하나 '깊이 알기'에 대해서 최근 시각을 달리하게 된 책이 있어 소개한다. 자현 스님의 『탄허의 예언과 그 불꽃 같은 생애』라는 책의 내용이다.

"스님은 출가 전에 『주역』을 500번이나 읽었다는 『주역』의 대가이다. 18세 때 처가에서 소를 팔아 『주역』을 사주자, 집에 들어오지 않고 글방에서 춤을 추며 미친 듯이 읽었다는 일화는 유명하다."

대부분 탄허스님을 유튜브에서 예언가로 접했을 것이다. 나도 그랬다. 나는 이 책을 읽고 깊이란 무엇인가에 대해 다시 생각하게 되었다. 탄허 스님이 『주역』을 읽을 당시의 기분을 상상하니 절로 나도 웃음이 났다. 롤모델이란 단어로도 비유할 수 없고 당시의 탄허 스님 자체가 『주역』이 되신 듯하다. 불교에 관심 없더라도 이 책을 접해보시길 바란다. 탄허 스님의 업적에 한번 놀라고, 자현 스님의 글솜씨에 두 번 놀란다.

또 다른 롤모델 접근법은 여러 캐릭터의 '장점 끌어오기'가 있다. 나의 확언 노트에는 다음과 같이 적혀 있다.

"나는 유재석의 인품과 말솜씨를 따른다. 치열함은 랩퍼 도끼의 어린 시절을 배운다. 의지는 심권호 선수 인터뷰를 보고 배우고, 극복 정신은 이봉주 선수를 따른다."

물론 각자의 성격에 따라 존경하는 위인들을 추가할 수도 있다. 위에서는 친근감 있는 캐릭터를 예로 들었다. 친근감 있는 캐릭터의 장점은 영상 등을 통해서 필요할 때마다 그들의 몸짓과 정신을 다시 복기할 수 있다는 것이다.

그들을 나의 가상의 코치라고 상상해보길 바란다. 나는 얼마 전 처음으로 하프마라톤 완주에 성공하였다. 엄청나게 뿌듯한 경험이긴 하였으나, 준비되지 않은 몸으로 뛰어서 부상을 입었다. 다행히 병원 신세를 질 정도는 아니었지만, 일주일 넘게 다리를 절고 다녔다. 체계적인 훈련으로 마라톤 풀코스에 도전하고 싶다. 그러나 작은 부상을 겪어보니 겁이 나는 게 사실이다. 국민 마라토너 이봉주 선수에게 조언을 받는 모습을 상상하기 위해 책과 영상을 보며 이봉주 선수에 대해 공부했다. 나는 라이프코칭에 있어서 심신 상관성을 중요하게 생각하는데, 이봉주 선수의 책에 심신 상관성과 관련된 인상 깊은 구절이 있어 옮겨왔다. 이봉주의 저서 『봉달이의 4141』이라는 책의 내용을 참고하자.

"마라토너는 몸과 소통하는 사람이다."

"물론 인간의 한계에 도전하는 것을 목표로 삼는 만큼 정신력이 매우 중요하지만, 결국 정신력을 현실에서 실현시키는 것은 몸이다. 정신력만 강하고 몸이 따라가지 못하면 마라토너의 생명은 끝이다. 반대로 체력보다 정신력이 약하면 마라토너의 자질이 부족하다고 할 수 있다. 그러므로 마라토너는 몸이 도달할 수 있는 최대치를 정신력으로 끌고 가는 사람이라고 할 수 있다. 그런 의미에서 정신은 끊임없이 몸과 소통해야 한다."

2021년 08월 현재 이봉주 선수는 희소병인 '근육 긴장 이상증'으로 수술 후 재활에 힘쓰고 있다. 이봉주 선수를 응원하고, 나의 도전정신도 고취하기 위하여 나는 행복한 상상을 했다.

독자분들도 현재 염원하고 있는 일이 있다면 자신만의 스타일로 롤모델과의 대화를 상상해보길 바란다. 그들의 생각을 빌린다는 생각으로 상상한다. 나는 마라톤 풀코스에 대해 이봉주 선수에게 직접 조언 듣는 상상을 했다. 아래는 나의 상상 속의 내용이다.

"무더운 여름이 지나고 날씨가 선선해지기 시작했다. 이봉주 선수의 소식이 궁금해 인터넷을 검색했다. 정말 반가운 소식이 있다. 기적적으로 이봉주 선수가 회복되고 있으며, 곧 달리기도 가능할 것 같다는 기사 뉴스가 검색된다. 많은 사람이 응원하고 염원하는 일이 드디어 이루어졌다. 나는 이봉주 선수의 완쾌를 생생하게 상상했다며, 이봉주 선수 인스타에 댓글을 달았다. 이봉주 선수가 응원해주어서 고맙다며 전화통화를 해주겠다고 하였다. 수화기 너머로 이봉주 선수의 목소리가 들려왔다. 부드러웠지만 국민 마라토너다운 강함이 묻어있는 목소리였다. 이봉주 선수는 나에게 마라톤 초심자로서 가져야 할 멘탈과 몸에 대해서 자세하게 조언해주었다. 나는 '이봉주 쾌유 기원 전국민 랜선 마라톤'에 참가했다. 그리고는 인생 첫 마라톤에 성공했다."

'이봉주 쾌유 기원 전국민 랜선 마라톤'은 실제 있는 경기이다. 나는 이봉주 선수와 나를 응원하는 마음을 담아 마라톤에 참가할 예정이다. 독자님들도 각자 염원하는 상황에 맞게 생생하게 상상하길 바란다. 최대한 '오감', '장소', '상황' 등을 넣어 상상하자. 처음에는 정신력이 좀 필요한 작업이지만, 횟수가 거듭될수록 마음과 정신을 다스리는 데 크게 도움이 될 것이다.

상상의 힘은 '최면', '자기암시', '이미지트레이닝' 단어가 다를 뿐 스포츠, 세일즈, 정치인 스피치 등 사용되지 않는 분야가 없다. 오바마 대통령의 강연에도 최면 화법이 많이 녹여져 있는 것으로 알려져 있다.

뇌과학자 박문호 박사는 BTN 불교TV의 강연에서 다음과 같은 말을 했다.

"가상세계를 만드는 능력은, 우리의 의식이 가지고 있는 놀라운 능력이다. 의식세계의 바깥이 있는지 없는지도 모르면서, 의식 너머를 가리킬 수 있다."

화성 이주 프로젝트도 일론머스크의 상상에서부터 출발했다는 사실을 잊지 말자.

4장

절대 거부할 수 없는

습관을 만드는

7 가지 법 칙

시점을 과거에서 미래로 맞춰라

책에서 여러 번 밝혔지만 나는 '우울, 무기력, 자기비하, 알코올의존, 흡연, 욕설, 부정적 사고' 등 안 가진 게 없었다. 없는 거라고는 나를 완전히 잃어버렸기 때문에 자존감과 자신감은 없었다. 삶의 중간중간마다 작은 성공의 기쁨이 있었지만, 그리 길지 못했다. 10대 때부터 이어진 마음의 병들은 길고 긴 터널을 지나, 지금에 와서야 해소될 수 있었다. 마음의 병이 아주 짧은 시간에 해소되는 과정에서 나온 결과물이 '마음의 병 셀프 탈출 기법'이다.

이번 장에서 '임용근 라이프 코칭연구소'의 '마음의 병 셀프 탈출 기법'을 총정리한다. 다이어그램을 참고하길 바란다. '마음의 병 셀프 탈출 기법'은 크게 7가지 법칙으로 나뉜다.

1법칙-긍정 법칙, 2법칙-자기이해 법칙, 3법칙-운동 법칙, 4법칙-독서 법칙, 5법칙-회복탄력성 법칙, 6법칙-두뇌 업그레이드 법칙, 7법칙-성공 법칙이다. 법칙을 하나씩 설명하기에 앞서 법칙들의 공통된 기법을 설명한다.

첫째, 1~5번 법칙은 필수 코스이다. 1~4번 법칙은 실천해야 빛을 발하는 코스이며, 5번 법칙은 회복탄력성의 개념을 이해하고 "나는 회복탄력성이 강한 사람이야."라고 자기암시를 주기적으로 하면 된다. 습관 만들기에 있어 회복탄력성 개념을 응용하면 다음과 같다. 어쩔 수 없이 하루 빠졌지만 '다음날 다시 하는 힘' 혹은 '어떻게든 해내려고 하는 힘'이라고 표현할 수 있겠다.

둘째, 1~5번 코스를 동시에 실행하면 효과가 극대화된다. 가짓수가 많다고 부담가질 필요 없다. 수시로 할 수 있는 것들이고, 처음 며칠은 어색하겠지만 금세 습관으로 안착하게 되어 있다. 내 경험에 의하면 운동이나 독서치유를 개별적으로 실행할 때도 어느 정도 효과는 있다. 그러나 우리의 마음은 좀 괜찮아졌다가 외부적 사건이 발생하면 다시 무너져 내린다. 몸, 마음, 정신이 연결되어 있다는 사실은 의사나 마음공부 하는 사람이 아니더라도 인지하고 있다. 다만 평소에 몸, 마음, 정신을 한꺼번에 연결 지어 생각하는 게 낯설 뿐이다. 지면의 한계로 모두 거론하기는 힘들지만, 심신의학 측면에서도 1~5번 코스를 한꺼번에 하는 것이 좋다. 네이버 두산백과에 의하면 심신의학이란 '몸과 마음을 조화시켜 질병을 치료하고 예방하는 대체의학'이라고 되어 있다.

　법칙을 하나씩 뜯어보겠다. '마음의 병 셀프 탈출 기법'의 제1법칙은 긍정법칙이다.

　평소에 상시적으로 할 수 있는 습관으로서 '미소 짓기', '자세 고치기', '행복 음악 듣기', '호흡법 바꾸기'가 있다. 혹시 '습관'이라는 키워드에 왜 흔하게 '21일'이라는 단어가 붙어 있는지 아는가?

　"21일은 생각이 의심·고정관념을 담당하는 대뇌피질과 두려움·불안을 담당하는 대뇌변연계를 거쳐 습관을 관장하는 뇌간까지 가는데 걸리는 최소한의 시간이다. 21일의 법칙은 미국의 의사 존 맥스웰이 1960년대 그의 저서 '성공의 법칙'에서 처음 주장한 내용이다. 성형외과 의사인 맥스웰은 사고로 사지를 잃은 사람이 잘린 팔과 다리에 심리적으로 적응하는 기간을 연구하다 21일의 법칙을 내놓았다"고 소개하고 있다.

　(참고 : 〈중앙일보 헬스미디어〉 "'21일 법칙' 지켜야 나쁜 습관 고친다" 2017.01.02.)

　내 경험으로는 긍정기법 일주일이면 마음속의 화가 누그러든다. 2주차에는 '뭘 해야겠다.'라는 희망이 생겨난다. 3주차에는 현재 자신에 대한 이해도가 올라가며, 확신도 생겨난다. 물론 1~5번 법칙을 병행해야 한다.

제2법칙은 자기이해 법칙이다. 2법칙은 주로 잠자기 전후로 하면 좋은 습관들이다. 2법칙은 '셀프 대화', '셀프 칭찬', '감사하기', '용서하기'가 있다. '셀프 칭찬'과 '감사하기'는 일기형태여도 되고 자신의 미래나 과거에 보내는 편지 형태여도 된다. 포인트는 일기나 편지를 쓸 때 최대한 삼자 입장에서 덤덤하게 쓴다. 반드시 일기나 편지 형태가 아니어도 상관없다. 잠자리에 들 때 하루를 천천히 복귀하고 칭찬과 감사한 마음을 되새기면 된다. 그러다 잠들어도 상관없다.

개인적인 생각으로는 '용서하기'는 억지로는 되지 않는다고 생각한다. 1-7장에서 용서에 대해 조금 다루고 있다. '용서'는 너무 급하게 생각하지만 않으면 된다. 하나 확실한 것이 있다. 자신이 긍정적이고 건강한 사람으로 에너지가 바뀌면, 자신의 과거에 관한 이야기도 다시 쓰인다는 것이다. 그것이 자신에 대한 용서든, 타인에 대한 용서든 말이다.

제3법칙은 1일 1운동 법칙이다. 3-1장, 3-2장에서 자세히 설명했다. 매일 하는 운동이 2~3일에 한 번 하는 것보다 쉬울 수 있다. 운동하는 습관을 만들었다가 반드시 요요가 찾아온다. 주변 환경이 바뀜에 따라 운동을 주기적으로 하기 힘든 상황이 올 수도 있다. 그러나 걱정하지 말자.

당신이 비가 오나, 야근이 많거나, 백수이거나, 외부적 사건을 겪거나 신경 쓰지 않고 운동을 했던 시절에 만들어진 '용기', '자신감', '회복력', '똑똑함', '의지력' 등이 언제고 다시 마음속에서 떠오를 것이다. 당신은 이미 '습관' 스위치 켜는 방법을 알고 있다. 당신은 침체기가 오더라도 언제나 이불을 박차고 나갈 수 있다. 운동과 긍정하기는 '마음의 병 셀프 탈출'에 있어 양대 산맥이다.

제4법칙은 독서 법칙이다. 이 법칙은 사실 제2법칙에 있다가 따로 빠져 나왔다. 이 법칙을 따로 분리한 데는 이유가 있다. 이 법칙은 책을 안 읽는 사람 때문이 아니라, 너무 책만 읽는 사람 때문에 분리했다. 혹시 자존감이 낮은 것 같다고 계속 자존감 책만 보고 있는 것은 아닌가 하고 생각해보길 바란다. 당신의 꿈이 심리상담사가 아니라는 말이다. 자전적인 이야기다. 세상은 불공평하다. 책 안 읽고도 잘사는 사람은 얼마든지 많다. 혹시 자신에 대한 믿음이 잘 생기지 않는다는 사람이 있다면, 앞으로는 뭘 하면서 자신을 믿길 바란다. 아니면 뛰면서 믿음을 키워보길 권장한다.

독서치유는 출퇴근 시간에 하면 딱 맞다. E-book 듣기를 추천한다. 온라인 서점 정기구독을 하면 수많은 책을 검색해서 볼 수 있다. 타이머를 걸어서 시간만큼 들을 수 있고, 북마크와 메모도 할 수 있다. 유튜브에서 읽어주는 요약본을 들어도 되나, 개인적으로는 추천하지 않는다. 왜냐면 유튜버는 책 추천에 있어, 상업성에서 벗어나 자유로울 수 없다. 그리고 무지막지한 유튜브 AI 알고리즘이 계속 유사한 것들을 추천한다. 마치 추천되는 것들이 자신의 운명처럼 느껴지도록 말이다.

제5법칙 회복탄력성 법칙이다. 회복탄력성은 인생에 역경이 있을 때 이겨내는 힘이라고 말할 수 있다. 회복탄력성에 대해 많은 연구에서 공통적으로 이야기하는 부분이 있다. 어린 시절 사랑받고 믿어주는 사람들 속에서 자란 사람은 회복탄력성이 높다는 것이다. 어린 시절이 행복하지 못했다고 생각하는 사람도 낙담할 필요는 없다. 성인이 되어서 회복탄력성을 높이는 방법들이 많이 알려져 있기 때문이다. 이 책의 '1법칙-4법칙'을 실행하고 습관으로 만드는 것도 회복탄력성을 높이는 데 효과가 있다.

이 책은 '긍정', '성공', '행복학', '불안', '자존감', '인생', '회복탄력성', '뇌과학', '우울증', '심리학' 키워드의 책들로부터 영향을 받았다. 하나하나 먹어보다가 답답해서 저자가 뷔페를 차렸다고 보면 된다. 당신의 인생에 도움이 되시길 바란다.

제6법칙과 제7법칙은 인생의 필수요소는 아니다. 하지만 인생에 크게 도움이 될 수 있는 요소란 생각이 들어서 추가했다. 이 책에서 제공하는 다이어그램은 마인드맵 프로그램으로 만들어졌다. 마인드맵의 핵심은 생각을 사슬 형태로 정리할 수 있다는 것이다. 나처럼 생각이 많은 사람에게 도움이 될 것이라 믿는다.

당신이 무언가에 대한 열망이 높으신 분이라면 '자기암시'와 '명상'에 관심 가져보시길 바란다. 성공을 꿈꾸는 사람이라면 누구나 '끌어당김의 법칙'을 알 것이다. 끌어당김의 법칙 중의 핵심이 심상화이다. 뇌에 성공을 생생하게 새길수록 성공에 가까이 갈 수 있다.

영혼의 측면에서 보면 '자기암시'는 신에게 말을 거는 행위, '명상'은 신의 말을 듣는 행위가 아닐까 생각해본다. 거부감이 있을 것 같아 '자기암시'라는 단어를 사용했지만 '자기암시', '이미지트레이닝' 등은 거슬러 올라가면 결국 전통최면에서 모두 파생되었다고 생각한다.

법칙	세분화	내용 관련성
1 - 긍정 법칙	미소 짓기 자세 고치기 행복 음악 듣기 호흡법 고치기(미주신경 호흡)	5 - 7장 3 - 5장 2 - 5장 4 - 6장
2 - 자기이해 법칙	자기 대화법 셀프 칭찬, 감사하기 용서하기	3 - 6장 2 - 8장 1 - 7장
3 - 운동 법칙	1일 1운동 지향, 아침운동 지향, 아침에 못 하면 저녁에 한다. 주말 아침에 운동약속을 잡는다.	3 - 1장
4 - 독서 법칙	E-book 듣기	2 - 7장
5 - 회복탄력성 법칙	인생에 역경이 왔을 때 이겨내는 힘	3 - 4장
6 - 두뇌 업그레이드 법칙	마인드맵의 사용	2 - 7장
7 - 성공 법칙	새벽기상, 성공 자기암시(최면)/명상	4 - 5장

운동으로 뇌를 섹시하게 만들어라

'나는 남들에 비해 운동을 못 한다.'라는 고정관념에 갇혀 살았다. 뭐 그리고 사실이라고 해도 상관없지 않나? 나도 내가 운동에 중독될 수 있는 사람인 줄 몰랐다. 41세가 되어서야 살려고 산책을 하였고, 산책이 달리기로 연결되었다. 100세 시대에 건강한 삶의 원리를 빠르게 깨우치게 해준 신께 감사드린다. 지금은 100세까지 건강하게 살면서 뛰다가 죽는 게 꿈이 되었다. 침대에서 죽는 것보다 훨씬 근사한 듯하다.

마쓰우라 야타로의 저서 『삶이 버거운 당신에게 달리기를 권합니다』 책에 멋진 구절이 있어 소개한다.

"당시 달리기는 나에게 필수 불가결한 요소였다. 계속 달리지 않으면 내가 끌어안고 있는 문제들을 근본적으로 해결할 수 없다는 생각마저 들었다. 내 몸이 그렇게 외쳤다. 몸이 외치는 소리에 귀를 기울이면서 아무리 힘들어도, 무슨 일이 있어도 매일 달렸다."

나는 몇 달 전만 해도 부정적인 생각에 사로잡혀 있는 사람이었다. 30대 중반부터 단어가 기억이 나지 않는 현상이 많이 있었다. 기억력이 나빠지고, 판단력이 흐려진다고 생각했다. 물론 오랜 알코올 의존 습관으로 머리가 망가진 원인도 있을 것이다. 이 책에서 몇 번 강조해서 말했듯이 우리 뇌는 상상과 현실을 구분하지 못한다.

순간의 감정을 사실처럼 받아들여서는 안 된다. 깜박한 사건 몇 개를 가지고 나이 탓을 하면 안 된다고 말씀드리고 싶다. 나이 탓은 모든 핑계와 연결하기 아주 좋은 재료이다. 오히려 건망증이 의심되면, 인터넷에서 머리 좋아지는 운동을 찾아보며 동기부여를 하는 게 좋다.

KBS 프로그램 〈생로병사의 비밀: '늙지 않은 뇌의 비밀'〉편에 출연한 동아대학교 건강관리학과 박현태 교수는 뇌의 노화에 관해 다음과 같이 말하고 있다.

"운동을 하게 되면 근육을 자극하게 되고 그것이 결과적으로 뇌에 있는 BDNF를 개선시킵니다. BDNF는 뇌유래신경영양인자 입니다. BDNF가 증가하면 결과적으로 신경세포와 뉴런들이 활발하게 움직일 수 있고 그렇기 때문에 인지기능이 개선되는 구조입니다."

BDNF는 새로운 신경세포의 성장과 분할을 촉진하고 생존을 돕는 물질로, '뇌 성장호르몬'으로 불린다고 한다.

개인적으로 유산소 운동이 취미가 된 후 달라진 점을 몇 가지 이야기해보겠다.

첫째, 눈이 밝아졌다. 나는 눈이 예전에도 나쁜 편은 아니었다. 살면서 안경을 쓴 적이 없다. 그러나 태어나서 이렇게 아름다운 색깔들은 처음 보는 느낌이다. 뭐라고 표현하기 힘든 부분이 있다. 영성적인 것과도 섞여 있지 않을까 생각해봤다. 이 부분에 대한 자세한 이야기는 5-1장에서 다시 한다.

둘째, 성격이 느긋해졌다는 소리를 많이 듣는다. 보통 작가들은 커피숍에서 글을 많이 쓴다고 하는데, 나는 소리에 예민해서인지 커피숍이 잘 맞지 않았다. 대신 나는 스터디카페가 그나마 체질에 맞는 편인데, 요즘은 하루에 12시간 정도 앉아서 읽고 쓸 수 있다. 인터넷에서 조금만 찾아봐도 의지력, 배려심은 운동과 직결된다고 알려져 있다.

셋째, 기억력이 좋아졌다. 최근에 어떤 스터디카페에 갔다. 그곳은 출입문 인증 절차가 좀 까다로웠다. 전화번호를 입력하여 인증번호 4자리를 다시 받아야 하는 구조였다. 입장 후 6시간이 지나 퇴장을 하게 되었는데, 퇴장할 때도 4자리 인증번호가 필요했다. 퇴장 시에 인증번호가 필요한 것을 알고는 좀 당황해하고 있었다. 심호흡을 한두 번 하고 문자 메시지에 인증번호가 있는지 살펴보려고 하는 순간, 6시간 전에 잠시 보았던 인증번호가 떠올랐다. 나에게는 흔치 않은 일이었다.

이 책은 일종의 '마음의 병 셀프 탈출 워크북'이다. 4-1장에서 말씀드린 바와 같이 '긍정하기'와 운동은 마음의 병 탈출에 있어 양대 산맥이다. 그리고 핵심기법들을 한꺼번에 실행할 때 효과가 극대화된다고 말씀드렸다. 책을 쓰기 시작한 당시에는 이 책의 성질에 대해 확실하게 규정할 수 없었다. 최근에 와서 이 책이 '심신의학'이나 '생활습관의학' 분야와 관련성이 높다는 것을 알게 되었다.

KBS 프로그램 〈생로병사의 비밀: '백세시대 거북이처럼 달리자'〉편에서도 마음의 병과 운동의 연관성에 대해 효과적으로 설명하고 있다.

"덴마크 심장재단의 연구 결과다. 156명의 우울증 환자들에게 달리기 운동을 처방(60.4%)했더니 약물 처방(68.8%)과 비슷한 치료율을 보였고, 약물이 조기에 효과를 보인 반면에 재발률은 운동에 비해 다섯 배나 높았다."

나는 주위 사람들에게 달리기를 권하곤 하는데, 돌아오는 말은 2가지로 압축된다. '나는 못 달린다.', '무릎에 나쁠 것 같다.'이다.

KBS 프로그램 〈생로병사의 비밀 : '런(RUN) 다시 달리기'〉편에 출연한 '달리는 의사회' 정형외과 전문의 김학윤 교수는 인터뷰에서 달리기에 대해 다음과 같이 말하고 있다.

"걸을 수 있으면 뛰어야 된다. 힘들어서 못 뛰어요. 살이 쪄서 못 뛰어요. 심폐기능이 낮아서 못 뛰어요. 그런 사람들은 천천히 뛰라 그래요. 걷지 말고, 천천히 일단 많이 뛰는 게 가장 중요해요."

의사라서 그런 게 아니라, 김학윤 전문의는 정말 불리한 조건에서 뛰는 거에 대해 말할 자격이 있다. 김학윤 전문의는 인터뷰에서 평발을 보여주며, 자신의 뛰는 모습을 뒤에서 보면 거의 한 발로 뛰는 것 같이 보인다고 했다. 김학윤 전문의는 울트라 마라톤만 60번 넘게 완주했다고 한다.

위 방송에 출연한 고려대학교 구로병원 서승우 정형외과 교수는 달리기와 무릎관절에 관해 다음과 같이 인터뷰하고 있다.

"근육이 상당히 발달하면서 관절에 관한 충격을 보호해주는 역할을 하고 또 혈액순환이 좋아지면서 무릎이나 허리의 관절이 건강해지고 퇴행성 변화를 막아주는 효과가 있는 것 같습니다."

앞의 방송에서는 논문 「달리기는 무릎 골관절염과 관련이 있는가?」(출처:Arthritis Care & Research Vol.69, 2017)의 내용으로도 인터뷰 내용을 뒷받침하고 있다.

논문에서는 잦은 무릎 통증의 경우 "달리기를 했거나 현재 하고 있는 사람들이 달리기를 하지 않은 사람들보다 무릎 통증이 더 적게 발생했다. 그리고 무릎 골관절염 역시 꾸준히 달리기를 해온 사람들의 유병률이 더 낮았다."라고 설명하고 있다.

또한 방송 내용의 도표에 따르면, 잦은 무릎 통증의 유병률은 '달리기를 하지 않은 사람(41.1%)', '이전에 달리기를 했던 사람(36.6%)', '현재 달리기를 하고 있는 사람(33.0%)'과 같이 나타내고 있다. 덧붙여 '증상이 동반된 무릎 골관절염의 경우'에는 '달리기를 하지 않은 사람(29.6%)', '이전에 달리기를 했던 사람(25.3%)', '현재 달리기를 하고 있는 사람(21.1%)'이라고 논문의 내용을 소개하고 있다.

"나는 운동을 못 해. 덩치도 작잖아. 40대면 이제 나이도 많잖아."
"기억력도 안 좋아지는 것 같고, 다른 사람들도 그렇겠지."
"그냥 피곤하고 나이 들어서 그런가 봐."

무기력이 몸을 지배하고 있던 시절, 한동안 내 머리를 지배하고 있던 생각들이었다.

나는 당시 깊은 무기력감에 몇 년간 빠져 있었다. 남들이 보면 아무것도 아닌 일에도 깊은 시름에 빠졌다. 어린 시절의 기억과 개인사가 너무 아프게 생각되었나 보다. 그래서 아무것도 하지 않기를 택했나 보다. 금요일 저녁에 퇴근하면, 월요일 아침에야 집에서 빠져나올 수 있었다. 산책하는 습관이 달리기의 시작이었다.

뭐에 홀렸는지 퇴근이 늦은 날도, 배고픈 상태에서 나와의 약속을 위해 산책을 했다. 아마도 산책은 좌절이 아닌 희망을 선택하기로 한 영혼의 응답이 아니었을까?

강변을 한 바퀴 걷는 게 조금 편해졌다. 문득 "나도 한번 뛰어볼까?"라는 생각이 들었다. 강변 1/3을 뛰어보니 숨이 차서 다시 걸어야 했다. 다음 날, 달리기 유튜브를 공부했다. 유튜브에서 옆 사람과 말할 수 있을 정도의 호흡으로 뛰라고 한다. 다시 강변의 중간지점까지 달렸다. 힘들어서 그만 달리고 싶다는 생각이 들었다.

"달리기를 멈출까?"라고 생각한 순간, 이어폰에서 Daft Punk의 〈One More Time〉이라는 노래가 랜덤으로 나왔다. 누군가 날 위로하고 응원한다는 느낌이 강하게 들었다. 힘을 내서 완주했다. 나중에 거리를 보니 약 3km가 안 되는 거리였다.

걸어서 집으로 돌아오는 길에 내가 누군지 떠올랐다.

"맞아! 나 중학교 때 운동부가 아니었는데도 오래달리기는 전교에서 놀았는데…."

"어릴 적 겁도 없었어! 아무거나 만져서 감전도 많이 됐었는데…. 하하하."

"수줍음을 많이 타지만, 친한 사람들 속에서는 매번 분위기 메이커였는데…."

위로해주고 싶었다.

"사회에 적응하느라, 멀쩡한 아들로 사느라, 나는 얼굴 표정까지 모두 잃어버렸구나!"

아이고! 눈 속에 먼지가 들어갔나? 기억을 되살리니 눈시울이 붉어진다.

습관은 결과가 아니라 과정이다

취미 활동이나 습관 만들기를 시작한 사람이라면 인스타그램에 그 과정을 남겨보길 권장한다. SNS 중독만 아니라고 한다면 적당한 '남의 시선 이용하기'는 삶에 도움이 된다. 그래서 우리는 적당한 긴장감의 유지를 위해 카페에서 공부하기도 한다. 나는 이 책을 쓰면서 과거의 일이나 감정이 기억나지 않을 때면, 인스타그램을 다시 둘러봤다. 나도 모르는 사이에 습관을 만드는 과정이 인스타그램에 들어가게 되었던 것이다.

이번 단락에서는 '우울하고 무기력한 직장인이 활기 넘치는 사람이 되기까지의 몇 개월의 과정'을 타임라인에 맞추어 설명해볼까 한다. 이는 4-1장의 '마음의 병 셀프 탈출 기법'을 어떻게 실행하고 모델링하게 되었는지의 과정이기도 하다.

2021. 02. 15.

마음은 멀쩡하지 못했지만 멀쩡한 척 열심히 살아가는 게 첫 게시물에서 보인다. 저녁 9시까지 야근을 하고 밥을 챙겨 먹자는 글을 게시했다. 씩씩하게 살려고 하는 당시의 나에게 박수를 보낸다. 당시의 나는 인생의 돌파구를 찾는 중이었다. 설명하기 어렵지만, 한마디로 설명하라고 한다면 '뭔지 모르지만 한참 잘못되어가고 있다' 혹은 '이대로 내 인생은 끝인가?' 이런 질문들이 계속 머릿속에 떠올랐던 것 같다.

2021. 02. 17.

20대 후반에 대학원에 진학해 심리학을 전공해볼까 하고 생각했을 정도로 관심이 많았다. 시간이 흐르면서 용어까지 모두 까먹고 살았다. 무언가에 혹은 어딘가에 기대고 싶은데 기댈 때가 없었다. 실낱같은 희망이었을까? 로그인 한 지 수백 년 된 온라인 서점 북클럽 아이디가 있는 게 생각났다. 희미한 기억들로 심리학 단어가 몇 개 떠올랐다. '자존감'이라는 단어를 검색했다.

사토 유미코의 저서 『내 자존감을 폭발시키는 10초 습관』이라는 책을 만났다. 이 책은 '과거, 현재, 미래에 대한 시간, 선에 대한 이해', '나에게 보내는 편지' 기법 등을 강점으로 지닌 책이다. 이 책을 출퇴근 하면서 E-book으로 들었다. 다시 한번 강조하지만, 책에 있는 내용을 실천해야 효과가 있다.

2021. 02. 21.

첫 책을 만나고 며칠이 지나 사사키 후미오의 저서 『나는 습관을 조금 바꾸기로 했다』라는 책을 만났다. 개인적 생각으로 이 책은 『아주 작은 습관의 힘』만큼 습관을 이해하기에 있어 좋은 책이라고 생각한다. 책 곳곳에 작가의 습관에 관한 경험담이 묻어져 있다. 아주 정성스럽게 쓰인 책이다. 이때쯤 나는 산책을 시작했다. 당시 사진의 내 얼굴빛이 좋지 않다. 서슬 퍼런 눈빛을 하고 있다.

2021. 02. 22.

몸이 아파서 운동을 하지 못했다는 글을 남겼다. "예전 같으면 침대에 그대로 들어갔을 텐데…. 책의 효과인지 운동 대신 청소를 했음!! 셀프 칭찬!!"이라는 내용으로 글을 남겼다. 스스로 애쓰고 살고 있음을 칭찬하고 있다.

2021. 02. 23.

아침 먹기와 산책을 습관으로 만들겠다는 각오의 글을 올렸다. 계절이나 환경과 관계없이 해내겠다는 다짐의 말을 하고 있다. 독서치유가 시작된 지 약 일주일 된 시점이다. 게시물에서 희망이 느껴진다. 습관은 알려진 바에 의하면 21일 정도 되어야 정착이 된다고 알려져 있다. 그러나 피드를 다시 보니 습관 1주 차에 이미 가슴에 끓어오르는 무엇인가를 느끼고 있다. 아마도 간절한 마음 때문일 것이다. 좋은 습관들은 꼭 21일이 아니더라도 며칠만 참고 실행하면 감이 온다. 어쩔 수 없이 못 하는 날이 있다. 못하는 날보다 다시 하는 날의 용기가 중요하다. 독자분들은 꼭 간절한 마음이 올 때까지 나처럼 기다리지 말고, 먼저 무의식에 좋은 습관을 가득 채워 큰 행복을 맛보시길 기도한다.

2021. 02. 24.

"위기가 있었다. 밥을 안 먹은 채로 9시 퇴근. 밥을 먹으면 퍼질 것 같아서 회사 복장으로 바로 산책"이라는 내용으로 글을 남겼다. 회사 복장은 정장에 구두를 말하는 것이다. 밥을 먹고 빨리 걸으면 배가 아프니, 저녁 식사를 밤에 하기로 결정한 듯하다. 어떻게든 운동하려고 용을 쓰고 있다.

2021. 03. 01.

이때까지도 사람들을 만나면 종종 폭음하곤 했다. 부끄럽지만 이날도 잠시 블랙아웃이 되었다. 집으로 돌아오지도 못하고, 술자리 근처 모텔에서 자야 했다. 예전 같으면 다음 날 꿈쩍도 못 했을 것이다. 그리고는 무기력 속으로 다시 빠지는 게 술 마신 후의 내 루틴이었다.

나는 달라지기로 마음먹었다. 속이 매스껍고 머리가 아팠지만, 몸을 움직이며 어떻게든 회복에 집중했다. 폭음에 대해 자책하지 않기로 했다. 회복탄력성에 대한 게시물을 올리면서 각오를 다지고 있다.

2021. 03. 04.

습관 만들기가 습관이 되었다. 처음으로 습관을 관리할 수 있는 앱을 사용하고 있다. 지키고 싶은 습관들이 많아진 것이다.

이 당시 연세대학교 김주환 교수의 『회복탄력성』이라는 책을 만난 이후, 하주원 정신건강 전문의의 『불안한 마음을 잠재우는 법』을 다음 차례로 만났다. 보물 같은 책들이다. 시간상으로 습관 만들기가 14일 정도 지난 시점이다. 이때쯤 얼굴 사진을 보면 보름 전보다 눈빛이 많이 깨끗해져 있다.

2021. 03. 09.

처음 아침 운동을 성공했다. 퇴근 시간이 일정한 직장인이 아니라면 운동을 취미로 두기가 쉽지 않다. 운동이 취미가 되어야 하는 이유는 독자분들이 더 잘 알 것이다.

회사 일만 생각하면 아침에 눈 뜨기 싫은 사람들이 있을 것이다. 아침 운동이 최적의 답이라고 생각한다.

어느 순간 TV 광고처럼 설레는 아침을 맞는 본인을 발견하게 될 것이다. 경험상으로는 2주 정도의 시간이면 충분하다. 해법에 대해서는 3-2장에서 제시하고 있다.

2021. 03. 20.

습관 만들기를 시작한 지 약 1개월이 지난 시점이다. 생활 전반에 자신감이 붙었다. 자기암시를 위한 확언을 말하고 있다. 확언하는 방식은 다양하다. 요즘 학생들도 영어 단어 숙제로 빽빽이를 하는지 모르겠다. 성공을 갈망하는 사람들은 자신의 꿈을 빽빽이로 아침마다 쓴다. 목적은 동일하다. 자신이 의심하지 못할 정도로 꿈을 잠재의식 속에 새겨 넣기 위한 목적이다. '버킷리스트', '비전보드', '자기확언' 등의 키워드로 인터넷에서 검색을 하면 다양한 방법들이 나와 있다.

인스타그램에는 기록이 없지만 나는 이 당시 회사로부터 정리해고 통보를 받았다. 다행히도 심신이 어느 정도 단련이 된 상태였다. 내가 무너져 내리지 않도록 시차를 둔 신의 배려라고 생각한다. 위기가 기회가 될 수 있다는 생각을 했다. 다행히 많이 겁먹지 않았다.

2021. 04. 09.

5km 달리기에 성공했다. 달리기를 시작한 지 약 2주가 지난 시점이다. 산책하는 습관이 있는 사람이라면 누구나 달릴 수 있다. 자꾸 달리라고 하는 이유는 걷기보다 훨씬 즐겁기 때문이다.

중독 중에 달리기 중독만큼 괜찮은 것이 있을지 생각해본다. 거리를 아주 쪼잔하게 늘릴 필요가 있다. 겁먹을 필요는 없지만, 부상은 항상 신경을 써야 한다.

2021. 04. 12.

금연 선언을 했다. 그리고 9월 현재도 담배를 피우지 않는다. 코로나 시기는 역설적이게도 개인 건강을 챙길 수 있는 절호의 기회이기도 하다. 위기란 기회라는 게 바로 이런 게 아닐까? 어떤 계기로 자신감이 붙었을 때 담배 끊기 카드도 꺼내보자. 기세를 몰아서 담배까지 끊어버리자는 것이다. 2-3장에서 담배에 관한 이야기를 하고 있다.

2021. 04. 중순.

이때가 영성이란 것을 생각하기 시작한 시점이다. 참고로 나는 종교가 없다. 하루에 1~2시간만 자는 날이 2주 정도 이어졌던 것으로 기억한다. 설명하기 좀 힘든데, 일반적인 불면증과는 좀 다르다. 마치 누가 흔들어 깨우는 듯한 느낌을 받았다. 이 시기에 특별한 꿈도 많이 꾸었다. 그리고 칼융의 동시성 현상도 겪게 된다. 당시에는 동시성 현상과 같은 단어를 모르던 시기이다. 나는 이 시기를 기점으로 세상을 보는 시각이 많이 달라졌다. 5-1장에서 다시 이야기한다.

2021. 05. 중순.

하프마라톤에 도전했다. 그러나 덮어두고 뛰기만 해서 문제가 되었다. 15km까지 거리 늘리기는 성공했지만, 작은 부상을 입고 2주 정도 달리기를 쉬어야 했다. 첫 부상을 입고, 하프마라톤에 실패했다. 인터넷을 찾아보니 무릎 바깥쪽이 아픈 '장경인대염'인 듯했다.

"나는 동의하지 않는다."

6km 지점에서 무릎이 아픈 느낌이 들었다. 혹시 부상을 입지 않을까? 오늘 그냥 들어갈까? 나는 내 몸과 마음 깊은 곳까지 멈추길 원하는지 물어봤다.

"아니야. 순간적인 생각일 거야. 난 절대 동의하지 않는다."

그리고는 9km를 더 뛰었다. 2021. 05. 04. 나의 인스타그램에 남긴 글이다.

나는 7월이 되어서야 하프마라톤에 성공할 수 있었다.

반드시 습관 App을 이용해라

습관 만들기를 할 때 휴대폰 App을 사용하면 큰 도움이 된다. 습관 만들기가 정착되면 App을 사용하기 귀찮아지는 시기가 온다. 하지만 처음 습관을 만들 때, 마음먹기만으로는 습관실행이 쉽지 않다는 것을 느끼게 된다. '해? 말어?'를 고민할 필요가 없어질 때까지는 습관 App 사용을 권장 드린다. 또한, 습관을 늘리다 보면 습관이 좋은 습관들을 계속 끌어들이기 때문에 개수가 늘어나는데, 내가 실행했는지도 가끔은 헷갈리게 된다.

습관은 '끝'이라는 개념이 없다. 죽어도 끝나지 않는다. 내가 남긴 습관이 나와 관계된 사람들에게도 영향을 미치기 때문이다. 우리 행동의 절반 정도가 습관에 의한 것이라고 한다. 정신세계를 설명하는 데 있어서는 흔히 의식과 무의식을 10%와 90%로 나눈다.

습관은 무의식의 영역이다. '생각하는 습관', '마음의 습관'까지, 포함하면 우리 인생은 거의 모든 부분이 습관이 아닐까?

습관 만들기는 어떠한 형태로든 저항이 있을 수밖에 없다. 그래서 의식적으로 없는 습관을 만든다는 것은 '과정'을 깨우치는 일이며, '유연성'도 자연스레 길러진다. 혹은 나쁜 습관을 고치는 데 성공하면 인내심도 길러진다. 그리고 아무리 좋은 습관이라도 처한 상황에 의해 계속 변형되고 업데이트 되어야 한다.

아이가 태어나면 어느 정도 자랄 때까지 어른들의 희생과 지속적 케어가 필요하다. 이때 자신만의 좋은 습관을 고집한다면 아마도 문제가 생길 것이다. 예를 들어 엄마가 외부활동 시간이 부족하다면 아빠는 엄마가 저녁에 산책이나 헬스를 할 수 있는 시간을 최대한 보장하고, 자신은 운동시간을 새벽으로 옮기는 등의 습관을 보완하는 유연성도 필요하다.

내가 습관 만들기 초기에 사용했던 프로그램은 〈습관의 숲〉이라는 프로그램이다. 내가 이 프로그램을 선택하게 된 이유는 사용이 편리하고, 귀여운 디자인 때문이다. 다른 습관관리 프로그램들도 많지만, 처음에는 흥미가 중요하다고 생각한다. 이 프로그램은 습관 하나를 만들면 나무한 그루가 생성된다. 그리고 실행 횟수가 거듭될수록 나무가 자란다.

또 다른 재미도 있다. 내 습관 나무들을 클릭하면 하트를 받을 수 있다. 하트가 누적되면 하트를 풍선과 같은 귀여운 아이템으로 바꿀 수 있고, 아이템으로 화면을 꾸밀 수가 있다.

그리고 간단하지만 필수 기능들은 모두 가지고 있다. 월별로 습관을 며칠 실행했는지 한눈에 살펴볼 수도 있다. 습관 실행을 체크할 때, 실행 내용에 대해서도 간단히 메모할 수 있다. 스마트폰 사용에 중독되면 안 되겠지만, 습관관리 App에는 조금 중독되어도 괜찮은 것 같다. App을 키면 만들어둔 습관들에 대해 계속 상기하게 되는 효과가 있기 때문이다. 습관 App을 게임 한다는 생각으로 편하게 사용해보자.

걷기나 달리기를 하는 사람은 운동 전용 App을 사용하면 좋다. 나는 〈NRC(Nike Run Club)〉라는 프로그램을 달리기할 때 사용한다. 달리기를 본격적으로 하기 시작한 사람이라면 누구나 한 번쯤 하는 생각이 있다. 스마트폰을 어떻게 할지 고민하게 된다.

나는 다음과 같은 순서로 고민했던 것 같다. 스마트폰을 '주머니에 넣을지', '가방에 넣을지', '팔에 찰지', '다리에 찰지', '허리에 찰지' 순이다. 나는 결국 나에게는 러닝벨트가 맞다는 것을 알게 되었다. 그리고 돈 아끼지 말고 무선 이어폰을 꼭 사시길 권장 드린다. 유선 이어폰은 운동할 때 걸리적거린다. 물론 느리게 걷기 정도는 관계없다.

다시 NRC 이야기로 돌아가면 운동 전용 App을 사용하면 신세계를 알게 된다.

첫째, 내 달리기 기록이 통계화된다. 주, 월, 년, 전체로 내 달리기 기록을 볼 수 있다. 평균 시간과 달리기 코스까지 다시 볼 수 있다.

둘째, 1km 경과 시마다 App이 이어폰을 통해, 내 기록을 알려준다. 몇 번 뛰다 보면 자신의 평균 기록을 알게 된다. 달리기가 취미로 정착되면 '천천히 뛰었는데도, 이렇게 빨라졌다니….'라며 본인에게 감동하게 될 수도 있다. 장거리 달리기의 경우 달리는 빈도와 총 거리가 늘수록 속도는 알아서 빨라진다. 조바심내다가 나처럼 부상을 입지 말고 안전한 러닝을 하길 바란다.

셋째, SNS에 내 달리기 기록을 NRC App에서 바로 업로드할 수 있다. 주행 경로, 총 경과 시간, 총 거리, km당 기록 등을 내가 원하는 사진과 함께 업로드할 수 있다.

이 책은 2-8장에서 자신에 대한 이해를 높이는 방법에 대해 가이드 하고 있다. 자신에 대한 이해를 돕기 위한 App도 있다. 소개할 App은 〈나에게 쓰는 편지〉이다. 나에게 편지를 써서 보낼 수 있다. 편지를 받는 날짜도 지정할 수 있다. 다른 사람이 쓴 공개편지를 볼 수도 있다. 자신의 목표에 대해 다짐할 일이 있다면, 각오 등을 공개편지로 남겨보는 것도 좋은 방법이다.

음성으로 일기를 남기는 방법도 괜찮은 방법이다. 나는 개인적으로 글쓰기 아이디어가 떠오르면 메모 App에 기록을 남기곤 했다. 그런데 메모에 당시 느낀 영감들을 다 기록하기가 어렵다. 단어 몇 개만 남길 경우 다시 봤을 때 당시의 느낌이 전달이 제대로 되지 않는다. 음성 메모 프로그램으로 〈클로바노트〉를 추천한다. 〈클로바노트〉는 음성을 녹음해줄 뿐만 아니라 내 음성을 텍스트로 자동변환해준다. 우리는 발표 연습을 할 때 먼저 스크립트(대본)를 만들기도 하는데, 시간이 꽤 걸리는 작업이다. 〈클로바노트〉를 켜놓고 말로 발표 연습을 하며, 자동으로 대본을 만드는 방법도 꽤 괜찮은 방법인 듯하다.

나는 일정 관리·메모 프로그램은 구글 프로그램을 주로 사용한다. 구글 달력보다 우선하여 추천하는 프로그램은 〈구글Keep〉이다. To-Do List(해야 할 일 리스트)를 만들 때 필요한 필수 기능이, 체크박스 추가 기능이라고 생각한다. '구글Keep'은 메모장으로 쓰다가도, 메모 안에 체크박스를 추가할 수 있다. 해당 업무가 완료되면 체크박스별로 완료처리 할 수 있다. 모바일과 PC에서 모두 사용 가능하며 자동으로 연동된다.

구글 달력은 구글 테스크와 연동하여 사용하면 편리하다. 달력을 사용하는 이유는 전체성에 있다고 생각한다. 일별, 주별, 월별처럼 전체성으로 일정을 볼 수 있다. 달력을 사용하면 아쉬운 점이 업무를 시간상으로 그룹 지어 보기는 편하지만, 하나의 업무 덩어리 안에 세부사항이 많을 경우 메모장에 별도로 기록해야 한다는 것이다.

만약 회의 시간이 2시간이라고 치면 회의주제가 여러 가지일 확률이 높다. 구글 달력에서 하나의 Task(업무덩어리)를 클릭 후 'Task에서 보기' 버튼을 클릭하면 해당 Task에 '하위 할 일 추가'를 할 수 있다.

몇 년 전만 해도 도서관이나 스터디 카페에 가면 공시생들이 공부시간을 재기 위해 '스터디 타이머'를 사용하는 모습을 흔히 볼 수 있었다. 요리할 때 시간 맞추는 타이머 말이다.

요즘은 타이머가 어플로 많이 대체되었다. 시간 관리에 도움 되는 App 2가지를 소개할까 한다. 〈열정품은타이머〉와 〈토글트랙〉이다.

〈열정품은타이머(일명 열품타)〉의 특징은 혼자 공부하거나 글을 쓰면서 다른 사람들과 같이 공부하는 느낌을 받을 수 있다. 우선 App에서 스터디그룹을 선택할 수 있다. 나의 경우 자격증 스터디그룹을 선택했다. 공부 스타트 버튼을 누르면 내가 공부하는 누적 시간도 기록이 되고, 다른 사람이 공부하는 시간도 비교해서 볼 수가 있다.

특징은 휴대폰을 사용하기 위해 홈버튼을 누르면 공부타이머가 중지된다는 것이다. 과목도 여러 개 추가할 수 있다. 정말 공시생들의 생각을 반영하여 잘 만든 프로그램 같다.

〈토글트랙(Toggl Track)〉은 내가 시간을 어떻게 사용하는지 알고 싶을 때 사용하면 좋다. 〈열품타〉는 집중하는 시간을 늘리기 위한 프로그램으로 적합하고, 〈토글트랙〉은 하루 시간을 나눠서 카테고리별로 통계를 내는 데 적합하다. 스마트폰으로 가계부를 써본 적 있는가? 요즘은 가계부가 문자메시지 들을 자동으로 분석해서 내 소비패턴을 알려 준다. 현금 지출만 가계부에 별도로 정리를 하면 된다. 특별한 소비가 없는 경우 3개월 정도의 소비 추이를 보면 주로 내가 돈을 어디다 쓰는지 알 수가 있다.

마치 돈 쓰는 것처럼 시간을 쓰는 것도 트래킹 해보면 좋다. 나의 경우는 글쓰기 자료를 조사한다는 핑계로 유튜브에 머무는 시간이 계속 늘어났다. 그래서 유튜브 보는 시간을 줄이려고 〈토글트랙〉을 사용했다.

좀 많은 App을 소개했는데, 습관에 관한 App은 꼭 사용해보길 바란다. 반복의 힘은 위대하다. 뭘 할지 모르겠다면 정말 쪼잔한 걸 해보자. 예를 들면 '어깨와 허리 펴기', '물 마시기', '거울 보고 웃기', '아C에서 C 빼기', '심호흡하기' 이런 것 말이다.

습관 별것 없다. 정말 쪼잔한 습관으로 얼마든지 행복할 수 있다는 것을 경험하자. 습관의 시작 별것 없다.

05

자신에게 최면을 걸어라

나는 최면전문가에게 교육을 받고, 최면 자율훈련이 가능한 상태이다. 무엇이 나를 최면을 배우게 만들었을까? 짐작하건대 꿈에 대해 궁금하고 내 정신세계에 대해 궁금했던 것 같다.

또한 최면으로 나와 타인의 마음을, 치유하고 싶다는 생각이 있었던 것 같다. 일반인이 최면을 보는 시각은 주로 타인최면에 대한 것이다. 최면술사는 상대방이 최면상태에 들어갈 수 있게 해주고 암시를 걸어주는 조력자이다. 결국 모든 최면은 자기최면이다.

레드썬 김영국 교수의 저서 『5단계 자기최면법』에서는 최면에 대해 다음과 같이 설명하고 있다.

"사람에게 10개의 의식이 있다고 할 때 10개의 의식이 모두 잠드는 것이 수면이고, 9개의 의식은 잠들고 1개의 의식이 깨어 있는 상태가 바로 최면상태이다. (중략) 이처럼 모든 에너지를 하나의 자극대상에만 집중하여 받아들이고 있는 상태가 최면상태이다. (중략) 1개의 의식만 남고 모든 근심·걱정에 관련된 의식까지도 잠들므로 편안하고 황홀하며 평화스럽게 느껴진다. 이러한 상태를 트랜스 상태라고 한다."

직접 경험한 최면의 몇 가지 특징을 해보겠다.

첫째, 최면에 들어가는 최종 목적은 잠재의식에 바로 접근하기 위함이다. 습관을 말할 때 무의식적 행동이라고 흔히들 말하는데, 좋은 습관 만들기는 의식적 행동을 무의식의 영역으로 옮겨가는 과정인 것이다. '생각하는 습관', '마음의 습관'을 이야기할 때 자기암시나 확언을 빼놓을 수 없다.

'나는 날마다 모든 면에서 점점 더 좋아지고 있다.'라는 구절로 유명한 '자기암시' 요법의 창시자 에밀 쿠에도 최면술을 연구했던 것으로 알려져 있다. 결국, 거슬러 올라가면 자기암시도 전통최면에서 응용되었다고 생각한다.

둘째, 한 번은 전문가를 통해 체험을 해야 이후에 최면 자율 훈련이 쉽다고 생각한다. 유튜브의 최면 암시문을 계속 듣는 것도 효과는 있다. 그러나 제대로 해보겠다고 하는 사람은 꼭 한번은 체험하길 바란다. 누군가 뒤에서 잡아주고 자전거 위에 올라타야 요령을 배우고, 다음부터는 혼자서 탈 수 있는 것이다.

셋째, 최면을 어떤 분야로 활용할지는 나중에 정해도 된다. 나도 처음에는 최면이 치유의 개념으로만 사용되는 줄 알았다. 우리가 TV로 봐왔던 것들이 주로 그렇기 때문이다. 그러나 이미 우리는 의식하지 못한 사이에 자기암시에 걸려 있다. 성공한 사람이든 실패한 사람이든 모두 자기암시에 걸려 있다고 볼 수 있다. 성공한 사람들의 인터뷰는 비슷한 양상을 보인다. "실패했을 때도, 반드시 다시 성공한다고 생각했다."라고 주로 인터뷰한다.

물론 성공자들은 성공에 대한 자기암시 외에도 다른 것들을 가지고 있다. 몇 가지 예를 들어 보겠다. 이 책은 성공학을 전문적으로 정리해놓은 책은 아니다. 가볍게 읽어주시길 바란다.

강한 동기부여 – "와, 저 사람처럼 남을 돕는 멋진 사람이 되고 싶어." 혹은 "와 저 사람처럼 되지 말아야지."

회복탄력성 – "힘든 환경에서 부모님이 나를 어떻게 사랑으로 키우셨는데, 내가 이렇게 인생을 살면 안 돼.", "무슨 일이 있어도 사랑하는 가족들을 생각하며 힘을 내자."

강한 체력 – 체력이 좋아지고 머리가 맑아지면 뇌가 정답을 찾는다. 체력이라는 단어가 나오면 무조건 심신 상관성 측면에서 생각해야 한다.

넉넉한 마음 – 성공한 사람들은 주로 강심장이다. 아니 강심장처럼 보여야 한다. 걸그룹 BLACKPINK의 〈뚜두뚜두〉의 노래 가사가 찰떡같이 느껴져서 옮겨본다.

"착한 얼굴에 그렇지 못한 태도, 가녀린 몸매 속 가려진 Volume은 두 배로, 거침없이 직진 굳이 보진 않지 눈치⋯."

운(運) – 동서양의 통섭은 알면 알수록 재미있다. 내가 좋아하는 정신분석학자 칼 융 그리고 20세기 양자역학의 토대를 만든 덴마크의 물리학자 닐스 보어도 주역에 심취했다고 한다. 중요한 것은 동양철학에서 이야기하는 운을 버는 방법과 서양에서 말하는 성공학이 거의 비슷한 메시지를 가지고 있다는 것이다.

자기암시를 이야기하다가 '성공자의 요소들'까지 거론하게 된 데는 이유가 있다.

"잘 될 거야 긍정적으로 생각해."라는 친구의 말에 속마음으로 "칫!" 혹은 "너는 상황이 좋으니 그런 소리가⋯."와 같은 '마음의 습관'으로 반응할 필요 없다는 말을 드리고 싶다.

우리가 단편적인 실패를 겪더라도 그것은 우리가 알아내기 힘든 여러 요소가 섞이고 '우연의 법칙' 등이 함께 작용해서 그런 것이지. 어떠한 상황에서도 "앞으로 잘 안 풀릴 것 같다."라는 생각은 할 필요가 없는 것이다.

위와 같은 생각은 부정적 자기암시이다. 자신도 모르는 사이에 잠재의식에 두려움을 넣는 생각 습관이다. 두려움과 불안은 몸과 마음을 경직되게 만든다. 자신만의 자신감 구어가 있을 것이다. 나는 자신감 암시와 불확실성에 대한 암시도 함께 사용한다.

"나는 어떤 일에도, 당당하고 덤덤하게 대응하겠다."

자기암시 이야기를 하면서 '왜 긍정적으로 생각해야 하는지'에 대해 설명해 드렸다. 내가 과거에 부정적 자기암시의 '대가'이었기에 잘 아는 바이다. 과거의 나는 마치 웨인 다이어의 저서 『확신의 힘』에 나오는 좋지 않은 케이스 중 한 명이었을 것이다.

"주변인들, 특히 가족과 친구들이 '나는'이라는 말에 내재한 힘을 제대로 쓰고 있는지 잘못 쓰고 있는지 지켜보라. 많은 사람들이 '나는 약해/가난해/우울해/아파/슬퍼/두려워/불운해.'라고 말하고 그런 상태를 자신의 삶으로 계속 끌어들이는 모습을 관찰해보라.

최면은 약 3천 년 전 고대 이집트 문서에도 기록이 남아 있을 정도로 오래된 정신 기술이다. 최면은 과학의 영역이다. 세계보건기구(WHO)도 최면을 1961년에 이미 심리치료기법 중 하나로 공인하였다. 그리고 미국 하버드 의과대학의 커리큘럼에는 최면학을 필수과목으로 채택하고 있으며, 또한 하버드대는 최면전문클리닉 센터도 운영하고 있다고 한다.

스님이 하는 명상의 경지에 도달하려고 일반인이 명상하는 게 아니듯, 곧 최면도 대중화될 것이라고 생각한다. 태권도 체육관만큼은 아니지만, 주택가에서 명상센터를 쉽게 찾아볼 수 있듯 말이다. 최면을 체험하고 훈련하면 마음 근육과 상상의 힘도 성장할 수 있다고 생각한다. 상상의 힘이라고 하면 떠오르는 인물이 바로 프랑스 소설가 베르나르 베르베르 아닐까 싶다.

나는 소설에 대한 독서량이 많은 편은 아니다. 그런데도 하루 종일 소파에 누워 이리 뒹굴고 저리 뒹굴고 하면서 끝까지 읽은 소설책이 있다. 바로 베르나르 베르베르의 『개미』와 『신』 전권이다. 나는 '베르나르 베르베르'의 책을 읽을 때마다 "상상과 현실을 정말 절묘하게 잘 이었다."라는 생각을 했다.

베르나르 베르베르는 방송에서 자신의 상상력의 원천에 대해 말한 적이 있다. 이날 베르나르 베르베르는 상상력의 원천으로 명상과 최면을 꼽았다. 그는 "상상력은 근육과 같아서 더 많이 사용할수록 사용하기가 수월해진다."라고 말했다. 이어 "나는 명상을 하고 최면도 한다. 최면을 걸 수도 있고 스스로 빠질 수도 있다. 무의식의 세계와 연결되기 위해 최면을 이용한다."라고 밝혔다.

(참고 : 〈텐아시아〉 "'집사부일체' 베르나르 베르베르 "상상력 위해 최면을 건다, 스스로 빠지기도"", 2019.06.23.)

힙합 음악을 좋아하는 사람이라면, 랩퍼 '스윙스'를 잘 알 것이다. 스윙스도 자신의 성공비결 중 하나로 자기암시를 꼽고 있다. 스윙스는 방송 〈라디오스타〉, 〈나 혼자 산다〉 등에서도 자기암시에 대해 비중 있게 말한 바 있다. 또한 스윙스는 명상 앨범 〈Affirmations From Swings〉를 발매하기도 하였다. 〈자기암시〉라는 이 앨범의 수록곡의 제목은 '부 자기암시', '감사 자기암시', '나는 자기암시'이며, 앨범을 들어보면 음악이라기보다는 독백이나 암송에 가깝다.

개인적으로 요즘 나는 최면 유튜버 방송 듣기를 마인드 컨트롤 쪽으로 활용하고 있다. 책을 쓴다는 핑계로 혼자 있는 시간이 몇 개월째 길어지고 있다. 그러다 보니 '용기의 말', '격려의 말', '위로의 말' 등을 스스로 해내야 했다. 최면술사의 가이드 음성을 듣고 있으면, 듣는 것만으로도 정서 함양에 도움이 되는 듯하다.

06

핵심 습관이 바뀌면 인성도 바뀐다

좋은 습관들이 만들어지면 나쁜 습관은 자동으로 없어지기도 한다. 단도직입적으로 이야기하자면 좋은 습관들이 쌓이면 인성이 업그레이드되는 경험을 할 수도 있다. 이번 장에서는 좋은 습관들이 만들어지면, 자동으로 따라오는 것들이나 없어지는 것들에 관해 이야기해보겠다.

습관 관련 서적을 읽을 때 유심히 읽어야 하는 파트가 있다. 바로 핵심 습관에 관한 파트이다. 사사키 후미오의 저서 『나는 습관을 조금 바꾸기로 했다』에서는 대표적인 습관으로 청소, 운동, 일찍 일어나기 등을 예로 들고 있다. 나도 이 책에서 영향을 받았다. 청소와 정리정돈은 미니멀리스트와 연결되는 경우가 많은데, 나는 미니멀리스트까지는 아니지만 TV 없이 사는 삶을 즐기게 되었다.

습관 간의 연관성에 대한 예를 들어보면 토요일 아침 운동이 행복해지면 금요일 저녁에 쓸데없이 시간 때우는 행동이 줄어든다. 또 다른 예로는 아침 먹는 습관이 있는 경우, 내 생활의 중심을 아침으로 옮기기가 수월하다. 심신상관성이 있는 습관으로는 '자세 고치기'가 있다. 몸의 건강을 위해 자세를 고친다고 생각하겠지만, 몸의 자세는 마음의 자세까지 영향을 끼친다. 몸의 자세를 바꾸고 자신감을 덤으로 챙기는 것이다.

습관의 연관성은 습관을 실행하는 과정에서 작은 성공과 실패를 반복하면서, 습관이 어느 순간 임계점을 넘을 때 체험하게 된다. 글로는 전달이 쉽지 않다. 직접 하면서 체험해야 한다. 좋은 습관 만들기는 습관 간의 연관성이 있기 때문에, 조금 지겹고 힘들더라도 끝까지 해볼 만한 게임이다. 더하기만 했는데 곱하기가 되는 마법이 있다. 기대하셔도 좋다는 말을 드리고 싶다.

나는 습관의 연관성을 살펴보는 과정에서 습관은 사람의 근본적인 요소인, 성격이나 인성까지 바꿀 수 있다는 것을 인식하게 되었다. 김정운 교수의 강연을 유튜브로 본적이 있다. '사는 게 재미없는 이 시대 남자들에게'라는 주제의 강연이다. 강연 내용 중 내가 유심히 본 부분의 내용은 다음과 같다.

"사람은 바꾸기가 힘들다. 심리학이 130년의 역사를 가지는데, 사람은 바꾸기가 힘듦을 인지하고 패러다임이 바뀌었다. 장점을 끌어 올리면 약점은 저절로 따라 올라온다. 사람이 바뀌진 않았지만, 약점이 평균은 되어진다."

심리학에서 이야기하는 "장점을 살려라."라는 말은, 습관들의 관계 속에서도 통용된다는 것을 알게 되었다. 좋은 습관(장점)을 끌어 올리면, 나쁜 습관은 약화되든지 없어지기도 한다.(약점이 평균은 되어진다)

좀 다르게 설명해보면 자신이 평범한 사람이라고 생각된다면, 좋은 습관 만들기에 집중해보기 바란다. 당신의 삶이 모든 면에서 특별하게 느껴질 것이다. 개인적인 생각으로는 평범한 직업은 있을지 몰라도, 평범한 사람이란 존재하지 않는다. 독자분 중에 자신에 대한 선입견이 두터운 사람이 있다면, 습관에 손을 대보기를 권장한다.

나는 습관을 바꾸는 사이에, 정서나 성격까지도 바뀌는 경험을 하였다. 이 책의 1장~2장을 읽어보신 분은 느끼셨을지 모르겠다. 부끄럽지만, 과거의 나는 아마도 인터넷에서 흔히 이야기하는 '걸러야 하는 사람'이었을지도 모르겠다.

신경이 곤두서 있고, 부정적인 사람이었다. 성격적으로 냉탕·온탕이 심해서 좋을 때는 한없이 좋아 보였으나 신경질적으로 반응할 때가 많은 사람이었다.

내가 이렇게까지 내 성격을 이야기하는 데는 이유가 있다. 위의 이야기를 반복하려고 하는 것이다. "장점으로 약점도 동시에 끌어 올리자." 장담하건대 누구든지 좋은 습관에 집중하면, 약점은 평범한 상태가 될 수 있고 평범함은 우수함으로 변할 것이다. 내가 했으면 당연히 당신도 할 수 있다.

좋은 습관을 만들면서 자동으로 없어지거나 감소한 나의 나쁜 습관들을 예를 들어본다. 예를 들면 중독적 성격이 줄어든다거나(결핍이 줄어듬), 정리정돈이 생활화되었다거나(의지력 상승), 비관적 사고(비평가에서 실행가로)가 줄어들었다거나 하는 것들일 것이다.

아래 내용은 없어진 나쁜 습관 중에 그동안 내가 치명적으로 가지고 있던 습관이다. 어떤 나쁜 습관들은 그 사람을 규정하고 기억하는 척도가 되기도 한다. 9가지를 잘해도 하나 때문에 장점이 모두 가려져 나쁜 사람으로 여겨질 수가 있는 것이다.

1. 욕을 자동으로 하지 않게 되었다. 나는 과거에 입이 거칠었다. 틈만 나면 장난식으로 욕을 하는 편이었고, 술에 취하면 상대방이 듣고 있기 힘든 정도의 욕을 한 적도 있다. 기억이 나는 날도 있으나, 필름이 끊긴 다음 날은 쥐구멍에 숨고 싶은 날이 많았다. 긴장한 작은 강아지가 더 짖어 대듯이 나는 욕을 해댔다. 정확하게 날짜로 헤아리기 힘들지만, 긍정 트레이닝 2주 차에 내가 욕을 더 이상 하지 않음을 발견하게 되었다.

욕을 하는 데는 여러 가지 이유가 있을 것이다. 그 사람의 정서·환경 등 복합적 문제이기 때문에, 욕을 하는 진짜 문제를 바로 찾기란 어렵다. 아무튼 욕을 줄이면서 끊고 싶은 사람은 나처럼 해보길 바란다.

단, 다음 소개할 방법은 내가 마음의 안정을 어느 정도 찾은 뒤에 한 방법이다. 이 방법은 셀프 대화법의 일종이다. "엎지른 말은 주워 담을 수 없다"고 알려져 있지만, 엎지른 생각은 다시 주워 담을 수 있다. 머릿속에서 욕이 생각나는 경우가 있을 것이다. '뇌'에게 내가 욕하려고 했던 게 아니라도 설명해주면 된다.

혼자 있을 때 "이런 씨…." 하고 나오는 경우가 있을 것이다. 꼭 입으로 나오지 않아도, 욕하는 상황을 상상할 때가 있다. 주로 어떤 상황이 떠오를 때 '욱'이 연결되어 있다. 연기한다고 생각해도 되는데, 공공장소가 아니라면 대사를 말하듯이 직접 말하는 방식을 추천한다.

우선 심호흡을 3회 한다. 코로 들이마시고 입으로 길게 숨을 내뱉는다. 잠시 논외로 호흡법을 배우고 가자. 디팩 초프라의 『메타휴먼』에서 언급되고 있는 미주신경 호흡법(Vagal breathing)을 소개한다. 스트레스와 관계없이 평소에 꾸준히 하면 정서안정에도 도움이 된다.

"넷을 셀 동안 들이마시고, 둘을 셀 동안 숨을 참고, 다시 넷을 셀 동안 내쉬는 것이다. 4-2-4라는 이 단순한 리듬은…(중략) 의학 연구자들이 놀라는 점은, 스트레스, 특히 숨이 거칠어지고, 심박수가 올라가며, 근육 긴장이 생기는 즉각적인 증상에 미주신경 호흡이 최고의 처방이라는 것이다."

심호흡을 했다면 다시 욕이 생각나는 장면으로 돌아간다. 거울이 있다면 거울을 보고 한번 웃어준 다음 자신의 스타일로 대사를 해본다. 나의 경우 이런 말을 했던 것 같다. "욕하려고 했던 것 아니고, 다른 말을 하려다 실수한 거야. 옛날에 손해를 봤던 그 일 때문에 그런 걸까? 나는 다 잊었는데…." 이런 연기를 몇 번 하다 보면 내가 어떤 단어나 상황이 떠오를 때 욕과 연결되는지 알게 된다.

나의 경우는 20대 초중반 시절 가족을 돕느라 신용불량에 빠졌을 때, 어린 나이에 추심을 당하고 법원에 가서 판사에게 혼나며 억울해했던 일들이 떠오를 때마다 "지금이라면 추심하는 사람에게 한마디 해줬을 텐데…."라고 생각하며 욕이 떠올랐던 것 같다. 나의 상황을 객관적으로 생각해보자. 당시의 일과 상관없이 현재 잘살고 있고, 굉장히 시간이 오래 지난 과거의 일에 마음을 두는 게 과연 옳은 일일까?

2. 체력이 늘어나면 귀찮음과 짜증이 줄어든다. 나는 현재 복층 오피스텔에 거주 중이다. 인터넷을 보면 복층 오피스텔의 단점으로 청소하기가 불편하다는 말이 있다. 오히려 나는 평소에 운동할 수 없는 동작으로 계

단을 오르내리며 청소하는 것이 좋다는 생각을 하게 되었다. 사람이 바뀐 것이다.

나는 짜증을 잘 내는 편이었다. 특히 편한 사람들에게 온갖 짜증을 잘 내는 사람이었다. 아마 가까운 가족과 지인들이 대상이었을 것이다. 지금은 나름 평온한 마음을 가진 사람이 되었다. 아마도 내가 평온해진 이유는 체력이 절반, 마음이 절반일 것이다.

귀찮음과 짜증 하면 뭐가 떠오르는가? 혹시 신경증, 화병, 고혈압 같은 것들이 떠오르지 않는가? 미국 심리학의 아버지라 불리는 윌리엄 제임스의 명언으로 이번 단락을 마친다.

"우리 세대의 가장 위대한 발견은, 인간은 자신의 태도를 바꿈으로써 자신의 인생을 바꿀 수 있다는 것이다."

07

공식적으로 '금주'를 선포하라

개인적인 술 이야기를 좀 해볼까 한다. 개인적으로는 부끄러운 기억이지만, 술로 힘든 분들에게 도움이 되었으면 하는 바람으로 글을 쓴다.

내가 처음으로 술을 마신 건 아마도 중학교 2학년 정도일 것이다. 어린 시절부터 술을 마시면 고주망태(술에 몹시 취하여 정신을 가누지 못하는 상태 또는 그런 사람으로, 술에 푹 절어 있는 상태인 '고주 위에 놓인 망태'에 비유해 생긴 말)가 되기 일쑤였다.

내 인생에서 가장 폭력적이고 술주정이 심한 시절을 꼽으라면 바로 10대 후반일 것이다. 술에 취해 미친 사람처럼 행동하고, 물건을 부수고, 폭력을 쓰고, 절도를 하고 파출소에 들락거리기도 하였다. 시한폭탄 같은 마음으로 살았다. 더 큰 나락으로 빠지지 않은 점, 그리고 당시의 나에게 감당할 수 있는 만큼만 시련을 주신 신에게 감사한다.

시간이 지난 지금도 당시에 나를 받아준 울산 친구들에게 미안하고 감사하다. 성인이 되어서는 10대 때만큼 폭력적이진 않았지만, 일 년에 한두 번은 취해서 꼭 쥐구멍에 숨고 싶은 행동을 했다. 당시에도 회사 동료들이 나와 술을 마시면 별일 없을 때도 '불안해 보인다.'라는 말을 많이 했다.

서울대 「의학 백과 사전」에 의하면 알코올의존의 원인은 다음과 같다고 한다.

"알코올 중독은 여러 요소가 복합되어 생긴다. 이 질환이 가족성으로 생기는 경우도 있는데 어릴 때의 가족 환경이나 유전적인 소인에 기인하는 것으로 보인다. 수줍고 불안해하며 사회적 공포(불안장애)나 우울증이 있는 사람들이 주로 술에 의존한다. 술을 마시는 직업이 위험 요인이다."

과거의 나를 두고 하는 말 같아서 마음이 좀 아프다. 우선 나의 외할아버지가 젊은 시절 알코올에 의존하는 세월이 꽤 길게 있으셨던 것으로 기억한다. 그리고 친할머니께서는 치매와 환각을 앓다 돌아가셨다.

가족력을 말할 때 운명이라고 받아들이지 않도록 주의해야 한다. 우리

가족이 건강 이야기를 할 때면 아버지가 자주 하시는 말씀이 있다. 우리 집에는 장수한 사람이 없다는 것이다. 나는 이제 그 말을 거부한다. 분명 가지고 태어난 운명은 있다. 하지만 후천적 노력으로 운명은 직접 바꿀 수 있다. 좀 더 인생을 즐기는 자세로 습관을 바꾸다 보면 체질까지 변하는 것이다. 나는 이제 100세까지 달리다 죽는 것이 꿈이 되었다.

「의학 백과 사전」의 내용을 조금 더 살펴보았다. 알코올의존은 어떤 증상이 나타나나?

"알코올 중독은 수년 동안 과음을 한 뒤에 생긴다. 대개 다음과 같은 증상을 보인다.

* 술 마시고 싶은 충동을 억제할 수 없으며 음주량도 자신이 조절하지 못한다.

* 술의 효과에 내성이 생겨서 점점 더 많은 양을 마셔야 한다.

* 구역, 발한, 떨림과 같은 금단 증상이 나타난다.

금단 증상은 술을 끊은 뒤 몇 시간 내에 생기며, 심한 경우에는 금단 후 경련이 일어나기도 한다. 술 없이 며칠을 보내면 발열, 떨림, 경련, 환란 상태와 환각이 생기는데 이를 '진전 섬망'이라고 한다. 증상은 3일에서 4일 정도 지속이 된 후 길고 오랫동안 잠을 자고 나서 끝난다. 심한 경우에는 쇼크를 일으켜 사망하는 수도 있다."

나는 다행히도 사회생활이 불가능할 정도의 알코올의존 증상은 아니었다. 그러나 음주량을 조절 못 하는 문제는 한동안 내 인생을 관통하는 크나큰 문제였다.

오랜 시간 술 문제로 힘들었던 사람의 심정으로 글을 이어나가 보겠다. 그리고 오랜 시간 알코올의존으로부터 벗어나려고 애써봤던 사람으로서 결론부터 말씀드린다. 상태에 따라 다르겠지만, 독서 치유만으로는 탈출이 불가하다. 아마도 운동만으로도 부족할 것이다.

독자님이 아니더라도 주변에 술 마시는 날이 점점 늘어나거나, 술에 대한 경각심을 가져야 할 것 같은 사람이 있으면 꼭 내 마음이 전달되었으면 좋겠다.

"나를 봐라. 벌써 마흔한 살이다. 당신도 빨리 알코올의존에서 벗어날 각오를 단단히 하지 않으면 나처럼 장가도 못 가고 나이만 먹을 수 있다."는 경고를 드리고 싶다.

이번 장에서 드리는 메시지는 명확하다. "술로 허송세월 보내지 말자."이다. 술값으로 쓴 돈도 몇천만 원 될 것이다. 지방에서는 아파트에도 투자할 수 있는 돈이다. 술에 쓴 돈보다도 술로 보낸 시간이 허망하다. 술로 보내는 시간은 술 마시는 시간만 계산하면 안 되고, 술이 깨고 회복하는 시간까지 계산해야 한다.

좋으면 좋아서, 나쁘면 나빠서, 배고플 땐 배고파서 한잔하는 건 좋은 습관이 아니다. 나는 술이 좋은 것을 누구보다 잘 안다. 다만, 술과는 항상 거리를 일정하게 두고 최소화하겠다는 생각을 가져야 한다. 매일 마시거나, 블랙아웃이 되는 일을 일시적으로 보면 안 된다. 알코올의존은 상태가 괜찮아졌다가도, 언제가 또 다른 악 조건을 만나면 두더지처럼 다시 튀어나오게 되어있다. 혼자 알코올의존 상태에서 벗어나기는 힘들다. 혹시나 길을 찾더라도 굉장히 오랜 시간이 걸릴 수 있다는 걸 잊지 말자.

나는 20대 후반에 대전의 알콜상담센터에서 '알콜상담사' 교육을 받기도 했다. 주로 병원에 근무하시는 분들이 받는 교육인데, 우연한 기회로 교육을 함께 받게 되었다. 특별한 사람들만 교육이나 치료를 받을 수 있는 게 아니다. 정신병원에 갇히는 것도 아니다.

요즘은 어떤지 모르겠으나, 당시 알콜상담센터는 정부위탁 기관이라 비용이 들지 않았던 것으로 기억한다. 상담을 받을 수 있으니 가볍게 들러보시길 바란다. 보건소를 간다는 마음으로 가볍게 가는 것과 같다.

술이 센 사람이 있고, 약한 사람이 있다. 알코올의존에 있어서 어떤 사람이 더 위험할 것 같은가? 알콜상담사교육 당시의 내용을 종합해보면, 술이 센 사람이 장기적으로는 알코올의존에 더 위험하다. 술이 센 사람

중 중독된 사람은 술을 거의 매일 마신다고 보면 된다.

당시 교육하셨던 분의 말이 생각난다.

"문제는 간이 아니다. 간은 운동하면 금방 회복되지만, 몇십 년에 걸쳐 중독된 뇌는 회복이 어렵다. 입원 병동에 들어오는 환자 중 50대 초반을 우리는 애기라고 부른다."

그래서 나는 주변에 있는 사람 중, 매일 술 마시는 사람을 보면 가볍게 보이지가 않는다. 어떤 외부적 사건이 발단이 되면, 되돌리지 못하는 시기가 올 수도 있기 때문이다. 또 다른 강사님이 오셨는데 그분은 알코올 남용으로 생사의 경계까지 가셨던 분이셨다. 경험담을 이야기해주셨다.

"모텔을 잡고 소주를 짝으로 산다. 문을 잠그고 안주도 없이 술을 마신다. 마시고 자고를 반복한다. 일어나서 마실 힘이 없으면 누워서 빨대로 마신다. 보통은 그러다 죽는다. 아마 이해가 되지 않을 거다. 그래서 심각한 중독자들은 살려면 평생 술을 끊어야 한다. 한 잔만 다시 마셔도 뇌가 중독된 상태로 돌아간다."

나는 불행 중 다행인지, 술이 약한 사람에 속한다. 아마 나는 내재된 불안이 높아서 종종 블랙아웃이 될 정도로 마셨던 것 같다. 술이 약해서 매일 마시지 못했다. 과음 후에는 3~4일은 쉬어야 했다. 그러나 블랙아웃에 대한 수치심과 자책감은 오래도록 남았다.

좋아하는 사람들과 사랑하는 사람들과 행복한 시간을 보낼 때, 이야기 나누며 적당히 한잔하는 것만큼 일상적인 행복이 있을까? 아마도 '치맥(치킨과 맥주)은 사랑입니다'는 거짓말이 아닐지 모른다. 친구 중에 "나는 술맛을 모르겠어."라고 말하는 사람이 가끔 있다.

그 술맛이라는 것은 적당히 마음의 경계가 풀리고, 느긋해지고, 배도 부르고 때로는 위로도, 사랑도 빨리 가져올 수 있는 감정이 아닐까? 이 좋은 술을 건강하게 종종 만나기 위해서라도 잘못되어간다는 생각이 들면, 경각심을 넘어 개선하기 위한 행동으로 가야 한다.

술은 남용하면 반드시 대가가 따른다는 걸 알아야 한다. 술과는 적당한 관계로 지내는 것이 바람직한 것이지, 지배하거나 지배당하면 반드시 대가가 따른다. 누군가는 그 대가 때문에 목숨도 잃는다. 술은 본인만 망치는 것이 아니라 그 과정에서 주변인들을 망치는 과정이 반드시 수반된다. 알코올의존이 대물림됨은 우연이 아닐지도 모른다. 우리도 작은 운명을 바꿀 수 있다.

그 변화의 시작이 습관이 되었으면 좋겠다.

5 장

습관을 바꾸면

인 생 이

바 뀐 다

칼 융의 동시성 현상이 이어지다

나는 어릴 적부터 꿈을 많이 꾸는 편이었다. 잠에서 깨면 단편적인 기억만 날 때가 많았다. 다만 생생하게 꿈이 기억날 때는 인터넷에서 꿈 해몽을 검색해보고, 별일 아니겠지 하고 넘기는 게 보통이었다. 내가 칼 융을 좋아하게 될 줄 알았으면 꿈들을 기록해둘 걸 그랬다. 내가 영성을 얻었다고 생각하는 시기의 이야기를 해볼까 한다. 개인적으로 나는 종교가 없다. 당시의 주관적 경험은 "눈치 좀 채라. 자! 이래도 안 믿을래?"라며 누군가 나에게 화두를 던지는 느낌이었다.

특이한 꿈을 꾸고, 칼 융의 동시성 현상이 이어져 발생하면서 창조주와 신의 존재를 믿지 않을 수 없었다. 무서운 감정보다는 '빽(back)'이 생겼다는 든든한 마음이 들었고, 내가 하는 일들도 더욱더 확신을 가지고 할 수 있게 되었다.

처음 겪었던 동시성 현상은 벌레에 관한 것이다. 오래된 아파트 1층에 살았기 때문에 작은 벌레들이 밖에서 집으로 들어오곤 했다. 방역업체를 부르고 약을 뿌려가며 벌레를 막으려 애를 썼다. 어느 날 작은 물건을 찾느라 방안의 한쪽 구석을 보고 있었다. 장판이 접혀 있는 약간 어두운 자리였다.

"이 방에서 가끔 작은 벌레가 보이는데 저 틈에서 나오는 건가? 약을 뿌릴까?"라고 생각한 순간, 발 앞으로 작은 벌레가 천장에서 바닥으로 툭 하고 떨어졌다. 당시에는 칼 융의 동시성 이론을 모르던 때이다. 약간 놀랐지만, 우연이라고 생각했다.

첫 번째 꿈은 목에서 금속 가시를 꺼내는 꿈이었다. 굵은 머리빗처럼 마디가 있는 금속 성질의 가시를 목에서 꺼내는 꿈이었다. 잠에서 깨고는 좀 생소했지만 무섭지는 않았다. 내 오랜 마음의 병들을 해소하는 암시가 아닐까 하는 생각에 오히려 기분이 좋았다. 당시 체계화되지 않았지만 나름의 규칙을 만들어서 좋은 습관들을 실행하고 있던 때이다. 운동과 좋은 습관 만들기에 더욱더 매달리게 된 계기가 된 꿈인 듯하다. 이후 모기를 쫓아낸다거나, 계속해서 뽀뽀를 받는다거나, 사람들이 나를 잡으러 온다거나 하는 꿈들이 이어졌지만 그러려니 하고 메모만 해두었다.

목에서 가시를 꺼내는 꿈 이후 특이하다고 생각했던 현상은 불면증이다. 일반적인 불면증 현상과는 좀 달랐다. 나는 새벽에 깬다는 게 어떤 것인지 잘 알고 있다. 평소에도 새벽에 자주 깼기 때문에 다시 자려고 노력하면 잘 수 있다는 점도 잘 알고 있었다.

하지만 이번엔 달랐다. 며칠간 잠자는 방법 여러 가지를 시도하였지만 어떤 것도 효과가 없었다. 잠이 다시 들긴 하였다. 하지만 어김없이 1~2시간만 자는 날이 이어졌다. 깰 때는 평소와는 다르게 마치 누가 흔들어 깨우는 듯한 느낌을 받았다. 무서운 느낌은 아니었다. "그냥 2~3일 이러다 말겠지."라고 생각했다. 이상한 불면증은 약 2주 정도 이어졌던 것으로 기억한다.

밤을 거의 새다시피 보내고 낮에 누워있어도 잠을 못 잔다는 걸 알고 있었기 때문에 근처 도서관으로 향했다. 도서관에 도착하여 평소처럼 이어폰을 끼고 음악을 들었다. 갑자기 악기 하나하나가 굉장히 잘 들린다는 생각이 들었다. 악기 이름은 몰라도 소리가 굉장히 골고루 들린다는 생각을 했다.

그냥 이상한 느낌이 들었고, 심장이 쿵쾅거려 복도로 나왔다. 뭔지 모르겠지만 진정해야겠다는 생각에, 심호흡을 하고 창밖을 봤다. 고개를 드는 순간 진정하려고 했지만 진정되지 못했다. 내가 평소에 보던 세상이 아닌 느낌이었다.

도서관 뒤편으로 작은 산이 있었는데, 마치 나뭇잎들이 춤을 추는 것처럼 아름답게 보였다. '오늘은 글을 못 쓰겠다.'라는 생각에 가방을 싸서 집으로 향했다. 아마도 일시적인 기분일 것으로 생각했던 것 같다. 밖을 나와서 주위를 둘러보는데 생각과는 전혀 달랐다.

사물을 보는 색깔이 평소에 내가 봐왔던 밝기와 색상의 색이 아니었다. 빨간색 차를 봤는데 살면서 그렇게 빨간 색깔은 처음 보는 색깔이었다. 노란색 간판과 광고문구들을 보는데 평소에는 무심코 보던 노란색이 세세하게 구분돼 보였다. 특히 형광등이 아주 밝아 보였다.

이 시기를 기점으로 인생을 달리 살겠다고 맘먹었던 것 같다. 이후에도 우울한 날이 분명 있었지만, 그 기분이 반나절이 넘어가지 않도록 노력했다. 인생을 여행이라 생각하며 도전하며 살기로 하였다. 요즘도 과거보다 세상이 밝고 아름다워 보인다. 당시에 느낀 기분이 감동적이어서 계속 세상이 아름다워 보인다고 스스로 암시를 거는 것일지도 모르겠다. 인터넷에서 현상을 좀 검색해보기도 하였으나 이내 찾아보기를 멈췄다. 그것이 단순히 눈이 맑아진 것이든, 자기암시에 의한 것이든, 신비로운 현상에 의한 것이든 노래 가사 말처럼 있는 그대로도 '좋지 아니한가?'

눈이 밝아져 보이는 현상 이후 "무엇인가 상징성이 있지 않을까?"라고 생각하게 되는 꿈을 꾸게 되는데 '포대화상'님이 꿈에 나온 일이다. 꿈을 꾸기 전 몇 개월 이전에도 절에 간 적은 없었다. 불상의 이름은 더욱 몰랐기 때문에 인터넷을 몇 번 검색하고 나서야 '포대화상'님인 줄 알게 되었다. 가지고 있는 종교를 떠나서 '배를 만지면 부자가 된다는 포대화상'님이 꿈에 나오면 싫어하는 사람은 없을 것이다.

좋은 꿈을 꿨다고 경거망동하면 안 된다고 생각해서인지 '포대화상'님 꿈은 몇 달 동안 잊고 있었다. 작은 부상으로 달리기를 쉬다가 다시 달리기 시작한 어느 날이었다. 장거리 달리기 코스 개발을 위해 목적지를 두지 않고 모르는 장소를 달렸다. "오늘은 이쯤하고 돌아가야지."라는 생각으로 유턴을 하려던 찰나 우측 도로 맞은편에 커피숍이 보였다.

시원한 커피 한잔하자는 생각으로 도로를 가로지르기 위해 주택가 골목으로 들어갔고 그곳에서 우연히 '포대화상'님 불상을 만났다. 인스타에는 간단하게 사진을 남겼지만, "내가 이 골목으로 우연히 뛰어 들어올 확률이 얼마나 있을까?"라는 생각이 머릿속에 한참 머물렀다. 일주일 후 걷기 운동으로 꽤 먼 거리를 걸었다. 처음 가는 식당에서 밥을 먹고 나오는데, 식당 앞마당에서 '포대화상'님 불상을 또 만났다.

나는 이런 주관적 경험에 대해 논리적으로 묻는 나의 '뇌'에게 가끔 부담을 느낀다. 그래서 이 부분에 대해 판단하기를 멈추었다. 다만, 꿈과 동시성 현상에 관해 깊이 연구한 사람들의 생각과 좋은 말들을 빌리기로 하였다. 미구엘 세라노의 저서 『헤세와 융』의 내용이다. 칼 융의 말을 빌린다.

"어떤 경우에도 개인의 정신과 세계 사이에는 확실한 관련이 있습니다. (중략) 세계와 정신 사이의 유사성은 아주 강해서 3차원적 시간의 발명과 아이디어는 정신의 구조가 반영된 것이라 할 수도 있습니다. 그래서 환자들의 꿈을 분석하는 것만으로 2차 세계대전을 예측할 수 있었습니다."

또 다른 책, 칼 구스타브 융, 볼프강 파울리의 저서 『자연의 해석과 정신』의 일부 대목도 소개한다.

"대부분의 경우 그 체험들은 생각이 짧은 사람들에게 비웃음거리가 될까 두려워해서 이야기하지 않은 것들이다. 나는 대다수의 사람들이 그런 종류의 경험을 갖고 있으며 아주 조심스레 그 비밀을 지키고 있음을 알고 놀랐다."

이후 책을 쓰는 과정에서도 동시성 현상은 계속 이어졌다. 새로 알게 된 분들의 이름이 비슷한 경우가 두 건 있었다. 예를 들면 이사 업체 사장님의 성함이 내 이름과 비슷했다. 나중에 알고 보니 이사 업체 사장님은 수술로 죽을 고비를 넘기고 동시성 현상을 겪으셨던 분이었다.

또 다른 경우는 내가 글을 쓰는 기간에 새로 알게 된 두 명의 이름이 비슷했다. 두 분의 이름이 '김○경'이었다. 흔한 일 아니냐고 생각할 수도 있는데 아니다. 내가 글을 쓰는 몇 개월 동안 새로 알게 된 사람이 손에 꼽을 정도이기 때문이다.

동시성 현상은 꿈과 관련되거나 일과 사람 간에 나타나지 않아도, 일상에서도 나타나는 것 같다. 나는 산책을 할 때면 항상 음악을 듣는다. 이어폰에서 싸이의 〈챔피언〉노래가 나오는 순간 고개를 돌렸는데, 옷가게의 챔피언 티셔츠가 눈에 띄었다. 노래 300곡 중에 랜덤으로 나오는 노래의 제목이, 자주 다니지 않은 길목의 옷가게에 걸려 있는 티셔츠 이름과 같을 확률이 얼마나 될까?

동시성 현상이 내게 주의주는 듯한 느낌을 받은 적도 있다. 임대를 준 아파트의 임차인과 집수리 건으로 통화를 하기로 했다. 그날 오후 지내고 있는 오피스텔의 전등이 고장 났다. 왠지 느낌이 좋지 않았다. 그리고는 그날 임차인과 전화로 다퉜다. 조금 후회가 되었다. 그러나 한편으로는 감정을 흘러가도록 내버려두기로 하였다. 마치 원래 있을 일이 있었던 것처럼 말이다.

세계적 명상가인 디팩 초프라의 저서 『바라는 대로 이루어진다』의 글로 이 단락을 끝낼까 한다.

"삶에서 일어나는 우연의 일치에 주의를 집중함으로써 당신은 그 메시지에 더욱 분명히 귀 기울이는 법을 배울 수 있다. 그리고 우연을 만들어내는 힘에 대해 이해함으로써 당신은 그 힘에 영향을 미치고, 의미 있는 자신만의 우연의 일치를 창조할 수 있다. 그리하여 우연히 제공하는 기회를 이용할 수 있다. 이처럼 당신은 경외심을 일으키는 기적이 끊임없이 일어나는 삶을 살 수 있다."

습관을 바꾸면 인생이 바뀐다

다른 사람이 된다는 건 어떤 것일까? 술자리 같은 데서 한두 번은 꼭 듣는 말이 있다. "사람 바꿔 쓰는 거 아니래…. 그러니까 그 일 너무 마음에 두지 마."

그런데 만약 나를 바꿔야 한다면? 정말 나도 바꿔 쓰는 게 힘든 것일까?

이 책을 딱 한 줄로 요약하라고 한다면 그 한 줄은 무엇이 될까? 바로 '우리도 바뀔 수 있다'일 것이다. 나는 무엇인가 절실했던 순간 '습관'이라는 키워드를 만났다. 어떤 강한 생각에 이끌려 '마음의 병 셀프 탈출'에 관한 주제로 책까지 쓰게 되었다. 나와 같은 사람들을 돕고 싶다는 생각에 이끌려 출발했다. 마음의 병이라는 키워드로 출발하였지만, 보편적 삶의 법칙들을 담을 수 있었다는 점에 감사한다. 그리고 독자 관점에서 습관의 체득 과정을 책에 담을 수 있었던 부분이, 개인적으로 가장 뿌듯한 부분이다.

나는 다른 사람이 되어버린 지금 행복하다. 운동에 대한 부분도, 행복에 대한 부분도 계속 체득해 나갈 것이다. 재산이 늘어났거나, 세상에 업적을 세우지는 못했다. 그러나 내 마음에 평화가 오고, 인생의 법칙을 어느 정도 알게 된 것에 감사할 따름이다. 이번 장은 삶에 대한 내 짧은 지혜를 에세이 형식으로 써볼까 한다. 다른 장들보다 주관적 생각이 많이 들어갔다. 가볍게 읽어주시면 고맙겠다. 번호는 단지 구분을 위해서만 붙였다.

1. 무엇이 되었든 체력이 먼저다. 이 책에서 나는 달리기 이야기를 계속한다. 그 이유를 책이 끝나갈 때쯤 돼서야 알게 되었다. 당신이 운동에 중독되길 바라는 마음에서 그랬던 것 같다. 분명히 걷기도 중독이 될 것 같다. 그러나 달리기는 정말 빠르게 중독된다. 내가 책이 늦어진 이유도 달리기에 있다 해도 과언이 아니다. 머리가 복잡해지면 밤낮으로 나가서 달렸다. 달리기를 하면 머리가 좋아진다. 긍정적인 생각으로 달리면 뇌가 내 질문에 대한 답을 찾아낸다. 게다가 달리기를 하면 걷기도 따라온다. 심리치료를 받거나 마음공부를 하려고 해도 운동이 먼저다. 운동은 DNA도 바꿀 정도로 강력하다.

2. 병원에 가거나 심리치료 센터를 찾는다고 바로 해결된다는 생각은 버리자. 분명 전문가를 찾는 게 맞다. 그러나 그들도 도움을 주는 사람이지 대신해서 병을 다스려주는 사람이 아니다. 결국, 자신의 마음을 스스로 돌봐야 한다. 다른 사람 입장이 되어서 자신의 마음을 돌봐야 한다. 주변에 질문해봐야 답이 없다. 그 사람들이 잘못이 있어서가 아니라 그 사람들은 마음에 관해 전문적으로 조언해줄 수 있는 사람들이 아니다. 혹시나 일반인이 좋은 답변을 해준다고 해도 자신이 들을 준비가 되어 있지 않을 가능성이 높다.

아래의 내용을 참고하자. 앨릭스 코브의 저서 『우울할 땐 뇌 과학』에서는 우울하다고 느끼는 사람의 뇌를 아래와 같이 설명하고 있다.

"본래 뇌가 지닌 감정적인 성향은 우울증 상태에서 더욱 과장된다. 예컨대 한 연구는 우울증 증상이 심한 사람과 우울증에 빠질 위험이 있는 사람은 중립적인 표정을 감정이 실린 표정으로 해석할 가능성이 더 크다는 것을 보여주었다. 게다가 중립적인 표정을 슬픈 표정으로 곡해할 가능성 또한 더 컸다."

3. 전생은 몰라도, 현생은 어느 정도 이해가 된다. 내 과거가 바뀐 게 아니다. 과거는 그대로지만 뇌가 전체성에 입각해서 내 이야기를 재편집했다. 내 스토리는 내가 꾸며야 한다. 나는 그러지 못했었다. 머릿속의

어떤 기억들에서 영원한 가해자나 피해자로 남지 않으려고 노력했다. 성폭력 예방 교육 강사님들 중에는 실제 아픔을 겪으신 분들이 많이 있다. 상처를 마음에 남기기보다, 다른 사람을 위해 좋은 에너지로 승화시킨 분들이다.

4. 자신에 대한 확신을 가져야 한다. 자신을 믿을 수 있어야 타인도 신뢰할 수 있다. 단 성인이 되어서야 깨우친 사람들은 과잉된 자신감에 신경 써야 한다. 과잉 자신감은 타인을 무시하는 태도로 이어진다. 적당한 자신감을 갖기 위해서는 타인과의 비교를 지양하고, 자신의 기준을 제대로 세워나가야 한다. 주변에 잘나가는 사람 보면 주변 의견에 끌려 다니는 사람이 없다.

5. 다른 사람이 된다고 특성까지 사라지진 않는다. 나는 여전히 예민하다. 그러나 예민을 섬세로 단어만 바꾸면 된다는 것을 알게 되었다. 부정적 생각 에너지를 긍정적 에너지로 전환하는 습관은 법륜스님의 유튜브를 계속 보면 된다. 관점을 달리하는 연습을 자동으로 하게 된다.

6. 짜증 내고, 화내고, 무기력하고, 우울해하고 하는 것이 마냥 나쁜 것만은 아닐 수도 있다는 생각을 해보자. 좀 부끄럽더라도 겉으로 내보이는 게 나을 수 있다는 이야기다. 마음의 병이 정말 속에서만 곪으면 사고

가 난다.

설기문 박사의 저서 『내 마음과 거리 두기』 내용 중 가슴에 남는 내용을 인용한다.

당신은 감정체가 아니며 감정 또한 당신이 아니다. 감정은 그냥 당신이 경험하는 것일 뿐이다. "나는 우울하다"고 할 때 "나는 우울이다"의 뜻이 아니라 "나는 우울한 감정을 경험하고 있다."라고 하는 것이 좀 더 정확한 표현이다.

7. 죽을 때까지 이상적인 인간형을 꿈꾸자. 언젠간 내 성공의 차례가 돌아온다.

'361년 역사상 하버드 최고령 졸업자 89세 메리 파사노 할머니'

'2021년에 새 장가간 53년생 개그맨 엄영수'

'47년생 132만 유튜버 박막례 할머니'

조숙조로(일찍 익으면 일찍 늙는다)와 대기만성(큰 그릇은 늦게 이루어진다) 같은 고사성어를 다시 새길 때이다. 부모님을 건강에 중독시킬 방법이 생각났다. KBS 〈생로 병사의 비밀〉에 중독시키는 건 어떨까?

당신의 꿈은 무엇인가? "그 회사에만 합격하면", "그 차만 사면", "그 동네에 집만 사면", "멋진 이성을 사귀면……." 나중에 생각이 바뀔지 모르겠으나, 지금은 거짓말하고 싶지 않다. 맞다. 행복해질 수 있다.

다만 우리가 꿈의 특성에 대해 알아야 할 단 한 가지가 있다. 물질적인 꿈들은 간절히 바라더라도 눈앞에 나타나기까지 시간이 걸린다는 것이다. 그러나 어떤 꿈들은 선언하거나 마음먹는 즉시 실현된다고 말씀드리고 싶다. 어떤 차를 타는지는 시간이 걸리지만, 어떤 사람이 되겠다고 결심하는 것은 시간이 걸리지 않는다.

'좋은 습관 만들기가 습관이 된 사람'

'힘든 일이 있어도 툭툭 털고 일어나 헬스장에 가는 사람'

'위기가 기회라는 말을 머리가 아닌 마음으로 아는 사람'

'불확실성을 설렘으로 생각할 수 있는 사람'

'과정을 즐긴다는 것이 어떤 것인지 아는 사람'

'일찍 일어나는 것이 왜 진짜 좋은 것인지 아는 사람'

'에너지가 바뀐 사람, 에너지가 넘쳐서 나눠줄 수 있는 사람'

'30분 정도는 언제라도 그냥 달릴 수 있는 사람'

'힘든 과거도 담담하게 생각할 수 있는 사람'

'바른 자세를 가지고, 뒤센 미소를 가지는 사람'

'자신에 대한 선입견을 지우고, 한계를 두지 않는 사람'

'트라우마를 발판 삼을 수 있는 사람'

"그래! 우리도 드라마에 나오는 그들처럼 하는 거다.

모든 게 쓸데없는 것 같아 보여도 다시 하는 사람들 있지 않나? 그런 사람들 말이다.

그래! 그런 사람이 되는 거다.

우리는 우리에 대해 잘못 알고 있을 수도 있다.

〈매트릭스〉 영화의 깨어나기 전 네오처럼 말이다."

03
___

당신은 이미 충분히 똑똑하다

나는 오랜 시간 내 인생을 합리성의 잣대로 봐왔던 것 같다. 마치 프로그램 코딩하듯이 인생을 대했다. 그래서 유연하지 못했다. 생각했던 대로 인생이 돌아갈 때는 평온한 삶이었지만, 생각하지 못했던 일에는 대응을 못 하고 이내 무너졌다.

합리성은 물건 고를 때나 하는 말이지, 그냥 그 자체로 아름다움을 가지고 있는 우리 인생에서 사용할 만한 단어는 아니다. 인생이 아름다워 보이지 않는 사람에게도 합리성은 애매한 도구이다. 나에겐 합리적이지만 다른 사람에게는 다른 합리적인 기준이 있으니 말이다. 아마 내로남불('내가 하면 로맨스 남이 하면 불륜'을 일컫는 인터넷 은어)은 과학적인 단어일지도 모른다.

꼭 합리성이 아니더라도 인생을 바라볼 때 어떤 부정적 생각에 갇혀버린다는 것은 괴로운 일이다. 내가 오랜 시간 그런 일들로 괴로움을 겪어봐서 잘 안다. 사물이나 이론을 연구하는 사람들에게는 합리성이 꼭 필요한 능력일지도 모른다. 그러나 어떤 부정적 개념들은, 일에 적용할 만한 것들이지 내 인생에 그대로 적용하면 안 된다. 그런 생각들은 위인들이 가지는 확신 같은 것들과도 다르다. 이것은 잡생각이고 망상에 가까운 생각들일 것이다. 그래서 마음공부를 하는 사람들은 마음을 '객관화'하는데 많은 공을 들인다.

설기문 박사의 저서 『내 마음과 거리 두기』에서는 마음의 객관화에 관해 아래와 같이 이야기하고 있다.

"나쁜 에너지는 냄새를 털어내듯 빨리 빼버려야 한다. 심리학에서는 이를 '탈중심화', '경험회피'라고 하는데, 나는 이를 '마음의 세탁'이라 부른다. (중략) 마음세탁을 위해서는 일단 주관성에서 벗어나는 것부터 시작할 필요가 있다. 그렇게 함으로써 자신을 최고도로 객관화하는 것이 중요하다. 이는 다르게 말해 자기성찰을 뜻하는 것이기도 하고 자기를 객관적으로 바라보는 것이기도 하다. 혹자는 그것을 '와칭'이라고도 부른다."

아마도 명상에서의 '알아차림'도 불필요한 생각에서 벗어나고 자신을 객관화하기 위한 훈련일 것이다. 다만 명상은 집중할 수 있는 고요한 장소와 분위기가 필요하다. 이는 전통최면에서 트랜스 상태로 들어가기 위해, 필요한 환경조건과도 동일하다. 일반 사람이 실생활에서 명상할 때의 마음 상태를 유지하기는 쉽지 않다.

명상하는 사람들도 실생활에서 자기암시를 병행해보길 권장 드린다. 생각의 '비움'과 '채움'을 다 써보자는 것이다.

설기문 박사의 저서 『YES I CAN : 나를 바꾸는 강력한 이미지트레이닝』에서는 이미지트레이닝과 평소 늘 하는 행동들을 연결하는 방법을 소개하고 있다. 샤워할 때, 식사할 때, 걸을 때, 버스나 지하철에서, 운전할 때, 화장실에서, 친구를 만날 때, 계단을 오르내릴 때, 컴퓨터 작업을 할 때 등이다.

시작은 무조건 어설프게 시작한다. 요즘은 유튜브에 자료가 많기 때문에 조금만 찾아보면 얼마든지 응용할 수 있기 때문이다. 책에서는 '강한 자신감 키우기', '간단한 금연 실천' 등 10종 세트를 제공하고 있다. 나는 책의 기법을 '강한 자신감 키우기' 내용을 요약하여 소개하겠다.

1. 샤워할 때 : 샤워할 때마다 샤워기에서 쏟아지는 물이 당신에게 자신감과 용기를 주는 에너지라고 생각한다. "나의 자신감은 점점 더 커진다."

2. 식사할 때 : 음식을 먹을 때면 음식 맛을 깊이 느끼면서, 음식을 씹

을 때마다 자신감이 더 많이 생긴다고 생각하라.

3. 걸을 때 : 오른발을 내디딜 때 자신감을 내디디며, 왼발을 내디딜 때는 용기를 내디딘다고 생각하고 이미지를 만들어보라.

4. 버스나 지하철에서 : 버스나 지하철이 앞으로 달려갈수록 멀리 있던 자신감이 당신에게로 달려온다고 생각하라.

5. 운전할 때 : 자동차를 운전할 때마다 당신의 자신감은 더욱 더 살아난다고 생각하라.

6. 화장실에서 : 화장실은 사적인 공간이다. 그 사적인 공간에서는 집중하기에 더 좋다.

7. 친구를 만날 때 : 친구는 당신에게 자신감을 줄 수 있는 멋진 동반자다. 친구를 만날 때마다 당신의 자신감이 커진다고 생각하고 느껴보라.

8. 계단을 오를 때 : 계단을 오른다는 것은 자신감을 키워가는 과정이라고 생각하라.

9. 계단을 내려갈 때 : 계단을 내려갈수록 마음이 편안해진다고 생각하라.

10. 컴퓨터 작업을 할 때 : 키보드를 두드린다는 것은 마음에 있는 자신감을 자극하는 것과 같다.

인생을 합리성의 잣대로 본다거나 하는 것 말고도 나의 고정관념은 나날이 늘어났다. 1-6장에서 거론한 바와 같이 선입견 · 고정관념은 인생을 망치는 요소가 되기도 한다. 나에게는 많은 고정관념이 있었지만 "나는 머리가 나쁘다."라는 생각을 자주 했던 것 같다. 정말 잘못된 생각이다.

"머리가 나쁘다."라는 나의 생각 이면에는 "단어가 생각이 나지 않는다.", "산만한 것 같다.", "능률이 오르지 않는다." 등의 생각들이 있었을 것이다. 생각들을 다 따져볼 이유도 없지만, 하나씩 따지고 보면 이치에 맞지 않는 사실이 많다. 그리고 위와 같은 자신에 대한 부정적인 생각은 열등감도 동반한다.

이처럼 감정 · 생각 박스는 열면 열수록 박스만 계속 나오는 경우가 많다. 그래서 정신과 의사분들이나 심리학을 전공한 사람들 중에도 마음의 병에 걸리는 경우가 있다. 박스 하나를 열었더니 박스 안에 박스가 2개나 들어있는 것이다.

나는 최근에 나의 '미루는 습관'에 손을 대기 시작하면서, 마음을 독하게 먹어야겠다는 생각을 하게 되었다. 위의 부정적인 생각처럼 문을 열고 들어가면 문이 또 여러 개 나오는 느낌이었다. 미국의 심리학자 닐 피오레는 저서 『내 시간 우선 생활습관』에서 "미루는 습관을 다룰 때 충족되지 않은 채 숨어 있는 욕구를 꼭 다뤄야 한다."라고 이야기하고 있다.

"자존감이 낮다든지, 완벽주의가 있다든지, 실패와 성공에 대한 두려움이 있다든지, 우유부단하다든지, 일과 휴식 사이에 불균형이 있다든지, 목표설정을 비효율적으로 한다든지, 일과 자신에 대한 부정적 개념이 있다든지 하는 등이 바로 그 문제들이다."

내 과거의 고정관념처럼, 독자님도 "머리가 나빠요."라고 생각한 적이 있다면 '하워드 가드너(H. Gardner)'의 다중지능이론에 관심 가져보길 바란다. 네이버 두산백과에 의하면 '다중지능이론'이란 지능이론의 한 갈래로서, 지능은 단일하지 않고 다양한 영역으로 구성되어 있으며, 사회 문화적 환경과의 상호작용을 통해 발달한다고 보는 이론이다. 다중지능이론의 8대 구성 요소는 다음과 같다.

1. 언어지능
2. 논리/수학지능
3. 시각/공간지능
4. 음악지능
5. 신체/운동지능
6. 자연지능
7. 대인지능
8. 자기이해지능

나의 경우는 1, 2, 4, 7번이 장점이라고 생각된다. 독자님도 인터넷에서 다중지능이론을 검색해보길 바란다. 자신에게 해당하는 장점을 다시 찾게 되는 계기가 될 것이다.

하워드 가드너는 저서 『다중지능』에서 지능의 유기성에 대해 다음과 같이 설명하고 있다.

"레고를 비유로 들어보자. 소수의 큰 조각들을 사용하기보다는 다수의 작은 조각들을 사용함으로써 우리는 훨씬 더 복잡한 플라스틱 구조물을 만들 수 있다. 왜냐하면 작은 조각들을 배열할 때에는 훨씬 많은 선택의 가능성이 있기 때문이다. 마찬가지로 다중지능은 사고 방법이나 행동 방법에 관해, 보다 더 많은 선택의 가능성을 제시한다."

비즈니스 세계에서도 돈 버는 사람은 따로 있다. 예를 들면 나는 IT 회사를 오래 다녔는데, 순수하게 IT 개발자나 PM으로 금전적으로 빛을 보는 사람은 드물었다.

극적인 예를 드는 것인지는 모르겠지만 주식시장 상장 예정 기업인 '야놀자'의 이수진 대표는 모텔 청소 알바 출신이다.

윤석만 기자의 저서 『인간혁명의 시대』에 나오는 스티브 잡스의 이야기로 이번 장을 마무리할까 한다.

"당시 잡스는 다음과 같은 말로 연설을 시작했습니다. "My story is

about connecting the dots."이라고 말이죠. 지금 자신을 있게 했던 지나간 인생의 지점들을 이야기하겠다는 것이었습니다. (중략) 생전에 잡스는 창의성에 대해 다음과 같은 이야기를 자주 했습니다. "창의성은 사물을 연결하는 것이다. Creativity is just connecting things.""

위의 내용은 2005년 6월 12일 스티브 잡스가 스탠퍼드대학 졸업식에서 행한 연설문의 일부이다. 미래를 알 수 없지만, 현재의 순간들이 미래에 어떤 식으로든지 연결된다는 걸 알아야만 한다는 맥락이다. 그다음 따라오는 문장이 재미있다.

"여러분들은 자신의 배짱, 운명, 인생, 카르마(업) 등 무엇이든지 간에 '그 무엇'에 믿음을 가져야만 합니다."

인생은 순식간에 바뀐다

    나는 습관으로 인생이 순식간에 바뀌는 것을 체험 중이다. 변화한다는 것은 불확실성이 높아짐을 이야기한다. 불확실성이 높아지면 우리는 항상 미래를 점치고 싶어 한다. 무속인을 찾을 수도 있고, 그것이 타로카드가 될 수도 있다. 나는 습관을 만들고 글을 쓰는 동안 겪었던 우연들과 동시성 현상을 5-1장에서 이야기하였다. 나는 동시성 현상을 통해 어떤 믿음이 생겨났다. 그러나 그것은 주관적 경험이기 때문에, 해석은 최대한 배제한다.

    다만 나처럼 동시성을 믿고 싶거나, "나도 그렇다."라는 사람이 있다면 공유하고픈 생각이 있다. '우연'이나 '동시성' 현상 등이 허무주의로 연결하는 것은 지양해야 한다. 불확실한 미래 혹은 어차피 벌어질 일이라고 손 놓고 있는 게 답이 아니라, "어떤 일이 있더라도 나는 잘 대응하겠다"는 생각으로 목표를 향해 뚜벅뚜벅 걸어나가는 것이 올바른 마음가짐일 것이다.

나는 좋은 꿈을 꾸면서 가슴이 한껏 부풀어 올랐고, 운(運)이 좋아지는 꿈이면 좋겠다는 생각에 유튜브를 찾아봤다. 〈유언니-유튜브로 인생배운언니〉 채널의 '유튜버 20인에게 배운 대운이 들어오는 징조 7가지'라는 게시물의 내용은 다음과 같았다.

1. 주변 환경이 바뀐다. 이사, 이직, 유학, 이민 등
2. 인간관계가 크게 바뀐다.
3. 큰 사건이 생긴다. 이혼, 사기, 사고, 퇴사, 폐업 등
4. 성격과 말투가 바뀐다. 예민하고 까칠한 사람도 온화하고 여유롭고 긍정적으로 변함.
5. 얼굴빛이 달라진다.
6. 좋은 꿈을 자주 꾼다.
7. 나쁜 습관을 고친다.

영상을 보고는 '7가지에 모두 해당된다'는 생각에 신기했다. 습관이 대운의 법칙에 속해 있다는 삶의 지혜를 얻는 기회가 되었다. 그리고 "위기

는 기회다.", "마음먹은 대로 된다."와 같은 흔한 진리에 인생의 법칙들이 녹아 있다는 사실을 알게 되었다. 생각을 정리하면 아래와 같다.

첫째, 불운과 행운의 에너지는 같이 존재한다.
둘째, 좋은 습관 만들기는 대운법칙의 중요한 요소이다.
셋째, 대운의 법칙에서 절반 이상은 사람의 힘으로 가능하다.

그리고 대운의 법칙과 개인의 습관이 어떻게 연결되는지는 아래와 같이 설명드린다.

4번 항목은 이 책의 4-6장 '핵심 습관이 바뀌면 인성도 바뀐다'에서,
5번은 5-7장 '미소 짓기 트레이닝'이라는 주제로,
7번은 2-3장에서 '담배 끊기'라는 주제로 다루고 있다.

나는 내친김에 운(運)에 대해 좀 더 알아보기로 하였다. 와다 히데키의 저서 『이렇게 하니 운이 밀려들기 시작했습니다』라는 책을 접하게 되었다. 운에 대한 책은 점술가분들이나 주역에 능통하신 분들이 쓰는 게 보통일 텐데, 이 책은 독특하게 저자가 정신과 의사이다. 그래서 책에서는 운과 관련된 심리효과나 법칙을 소개하고 있다. 그 내용을 요약하면 아래와 같다.

플라세보 효과(Placebo Effect) : 어느 실험에서 환자의 고통을 억제하기 위해 마약류의 일종인 모르핀을 사용했다. 실험 마지막 날은 환자 몰래 모르핀 대신 생리식염수를 사용했는데, 환자들은 여느 날처럼 통증을 느끼지 않았다고 한다. 일종의 잠재의식의 '암시' 효과라고 볼 수 있다고 한다. 오늘부터 운이 있다고, 그리고 운을 벌겠다고 선포하는 것은 어떨까?

월렌다 효과(Wallenda Effect) : 칼 월렌다는 미국 최고의 외줄 묘기 공연가였다. 1978년 73세의 나이에 마지막 공연을 하게 되었고, 실수하지 말아야 한다는 압박감에 와이어에서 떨어져 사망했다고 알려져 있다. 불행하다고 믿으면 정말 불행을 불러올지도 모를 일이다.

로젠탈 효과(Rosenthal Effect) : 1868년 심리학과 교수인 로버트 로젠탈이 한 초등학교 실험을 진행한다. 1학년~6학년에서 20%의 학생을 무작위로 선발하여, 그 명단을 교사에게 전달하며 지능지수가 높은 아이라고 거짓말했다. 8개월 후 다시 학교를 방문했고, 놀라운 사실을 발견했다. 명단의 학생들이 평균점수가 다른 학생들보다 높았던 것이다. 로젠탈은 하나의 결론을 도출한다. 교사의 격려와 기대가 학생들을 스스로 변화하게 만들었다는 것이다. 로젠탈 효과란 긍정적인 기대나 관심이 그 사람에게 좋은 영향을 미치는 현상을 말한다. 단 기대가 능력 범위를 초과

해버리면 심적 부담감을 느낄 수 있으므로 적당한 '기대효과'가 필요하다고 저자는 효과에 대해 설명하고 있다. 가까운 사람이 잘되길 기대하고, 그 행운이 내게도 전달된다고 생각하면 일석이조가 될 것 같다.

악어의 법칙 : 강을 건너는 사람의 다리를 악어가 물었을 때, 살아서 도망칠 유일한 방법은 한쪽 다리를 포기하는 것이다. 우리는 포기할 때 고통에 관해서만 관심을 가진다. 하지만 중요한 순간 포기하지 않으면 더 큰 고통을 겪을 수 있다고 저자는 말하고 있다. 저자는 운이 좋은 사람의 공통적 2가지 특징에 대해서도 말하고 있다. 첫째는 올바른 방향으로 나아가는 것, 둘째는 적절한 타이밍을 선택하는 것이다. 방향과 타이밍의 조합이 중요하다.

'존버'라는 은어를 알 것이다. 도저히 해볼 수 있는 게 없다고 생각될 때 막연하게 버티는 것을 뜻한다. 아마도 요즘 같은 시기를 두고 하는 말일 수도 있겠다. 나도 예전에 버틸 수밖에 없다는 생각에 사로잡힌 적이 있었다. 아마도 금전적인 부분이나 직장생활과 관련된 생각이었던 것 같다. 더 잘해보려고 노력할수록 수렁 속으로 빠져드는 느낌이었다. 위에서 살펴본 바에 의하면 운의 법칙의 절반 이상은 사람 습관에 의한 것이라고 해도 과언이 아니다. 해볼 수 있는 게 없어 답답한 상황에 있는 사람이라면, 그 상황과 전혀 상관없어 보이는 개인의 습관을 들여다보면 어떨까? 그것이 마음의 습관이든 운동습관이든 말이다. 동전 뒤집기처럼 에너지를 전환할 수 있는 계기가 되진 않을까?

　습관 동기부여가 입장에서 조금 더 설명해볼까 한다. 습관을 바꾸면 출발선을 다시 그리는 것과 같다. 나만 그런지 몰라도 명문대 졸업자를 부러워해 본 사람이 있을 것이다. 인맥이나 유리한 환경을 이야기하는 것이 아니다. 그들의 무의식에 배여 있는 좋은 습관, 회복탄력성, 자신감 등을 이야기하는 것이다.
　그들은 인식하지도 못한 사이에 스스로 운을 버는 삶을 사는 것이다. 이런 것들은 과거와 관계없이 성인이 되어서도 얼마든지 훈련할 수 있다. 같은 출발선에 서는 것이다. 지금 다시 시작하는 사람이 더 유리할지도 모른다. 20~30대에 이룬 것이 많으면 그대로 살려는 관성의 법칙에 걸려들기도 한다. 그러나 우리는 오늘 진실인 것이 내일 진실이 아닌 세상에 살고 있다. 가진 게 부족하다고 생각 할수록, 뭐든 가질 수 있는 상태임을 생각해보자는 이야기다. 채우려면 비우기부터 해야 한다. 나는 과거 생각에 발목 잡혀서 침대에 갇히기를 수천 번 했을 것이다. 그러나 가끔 침대에서 나오지 않는 것은 위로가 되기도 한다. 아마도 습관을 실행하기 전에 위로가 필요한 분이라면 자신의 감정과 '거리두기'를 해보라고 말씀드리고 싶다. 웨인 다이어의 저서 『행복한 이기주의자』의 글처럼 우리는 자신에 대한 평가를 멈추고, 실행으로 보여주어야 할 때이다.

"실행하지 않는 사람은 비평가인 경우가 많다. 멀찌감치 뒷짐 지고 앉아 행동하는 사람을 지켜본 다음, 그 사람의 행동에 대해 감 놔라 대추 놔라 하며 참견하기 일쑤다. 비평가가 되기는 쉽지만 행동가가 되기 위해서는 남다른 노력과, 위험을 무릅쓰는 용기와, 자신을 변화시킬 의지가 필요하다."

재밌는 상상으로 이번 장을 마무리해볼까 한다. 장거리 달리기를 흔히 인생 여정에 비유를 많이 한다. 실제 달려보니 그렇다. 달리다 보면 걷고 싶지만, 걸으면 금세 호흡이 돌아오고 후회할 것을 알기 때문에 계속 달린다. 좀 힘들다 싶으면 페이스를 늦추어서 계속 달리고, 달리다 보면 다시 아주 상쾌한 기분을 만날 수 있게 된다.

최근 올림픽 경기에서 근대5종 경기를 보았다면 '레이저 런'이라는 단어를 들어보았을 것이다. 근대5종 경기는 펜싱, 수영, 승마, 육상+사격 종목으로 구성된다. '레이저 런'은 3,200m를 달리며 800m마다 권총 사격으로 5개의 표적을 맞혀야 하는 종목이다.

인생은 마치 근대5종 같은 종목이 아닐까 상상해봤다. 달리다가 사격이 아니라 주사위를 던지는 게 아닐까? 하물며 근대5종 승마 경기에서 말은 무작위 추첨으로 정해진다고 한다. 그러나 분명한 것은 있다. 만약 인생이 주사위 게임이라고 해도, 좋은 습관은 '주사위를 여러 번 던질 수 있는 기회를 얻는 것'일 것이다.

자! 이제 행복(幸福 : 복된 좋은 운수)한 마음으로 주사위를 던질 때이다.

05

성공한 사람의 잘되기 전 습관에 주목해라

우리가 tv나 미디어 매체에서 접하는 스타들의 모습은 주로 완성된 모습이다. 왜 그럴까? 아마도 흥행성 때문일 것이다. 유명하지 않은 사람의 과정을 담은 모습은 지혜와 교훈은 될 수 있겠으나, 다소 지루할 수 있기 때문이다. 그래서 우리는 잔잔한 감동을 원할 때는 다큐멘터리를 본다.

너무 엄근진(엄격, 근엄, 진지를 일컫는 인터넷 용어)한 생각일지 모르겠으나, 우리가 스타를 볼 때는 항상 뜨기 전의 모습을 생각해보면 좋다. 미디어에서는 주로 자극적인 것들을 단편적으로 다루기 때문에 그 사람의 진면목을 살펴보기는 힘들다. 그래서 나는 스타들의 책에서, 그들의 더 인간적인 모습을 발견해보기로 하였다.

연예인 중 끈기와 투지 면에서 개그맨 조혜련을 따를 사람이 없다고 생각한다. 조혜련의 저서 『열렬하다 내 인생』의 한 장면이다.

"외워야 하는 단어와 문장들을 모조리 포스트잇에 적은 후 눈길이 닿는 모든 곳에 붙였다. 아무 데나 붙였다 뗄 수 있으니 어디서든 편리하게 사용했다. (중략) 하다못해 야구모자 챙 안쪽에도 붙이고 다녔다. 내 행동반경, 내 시야에 들어오는 모든 곳에는 일본어 단어가 적힌 포스트잇이 있었다."

내가 개그맨 조혜련의 책을 읽은 데는 이유가 있다. 몇 해 전 그녀가 일본방송에 데뷔했다는 소식을 접했기 때문이다. 마침 이 책에 그 과정이 실려 있었다. 책의 내용에 의하면 개그맨 조혜련은 일본어를 6개월 만에 마스터했다고 전해진다. 아주 짧은 기간에 일본어를 마스터한 점을 제외하고도 스스로 일본방송에 진출했다는 사실은 믿기가 힘들 정도이다. 그녀는 요즘 중국어 선생님으로도 맹활약 중이다.

여자 개그맨 중에 팔방미인이 조혜련이라면, 남자 개그맨 중에는 달인 김병만이 있다. 나는 그가 출연한 한 TV 프로그램에서 집 짓는 장면을 보기도 했는데, 그가 어쩌다가 건축에 관심을 갖게 되었는지도 책을 통해 알게 되었다. 달인의 젊은 시절 부모님이 사시는 시골집이 빚으로 넘어간 것이 가슴에 사무쳤다고 한다. 성공 후 집을 지어드리려고 연예인 활동을 하며 건축학과까지 다니게 된 것으로 보인다. 개그맨 김병만의 저서 『꿈이 있는 거북이는 지치지 않습니다』의 한 장면이다. 그의 젊은 시절 고생을 따라 가본다.

"잘 곳이 없어서 무대 위에서 많이 잤습니다. 공기가 너무 안 좋아서 목이 아플 때는 대학로 마로니에 공원에서 노숙했습니다. 공중화장실에서 몸을 씻다가 알몸으로 망신을 당하기도 하고, 계속되는 오디션 탈락에 수면제도 모으고, 건물 옥상 난간에 서보기도 했습니다."

누구나 부끄러운 기억 하나씩은 가지고 있을 것이다. 사실 부끄럽기만 하면 다행이라고 생각한다. 트라우마가 되는 기억들이 있을 것이다. 충격적인 일이면 너무 충격적이어서, 평범한 일이면 너무 평범해서 주위에 얘기했다가 손해 본다는 생각을 하게 된다. 그러다 보니 상처들은 꼭 편하거나 자신이 사랑하는 사람들에게 풀게 되는 경우가 있다. 이 책에서도 그런 부분을 달인이 솔직하게 이야기해주고 있다.

달인이 선배들과 회식 후 밤에 택시비를 아끼려 공원에서 비를 맞으며 노숙하다가, 너무 서러워서 어머니한테 전화를 걸었다고 한다.

"엄마, 나를 왜 이렇게 가난하게 만들었어!"

"엄마, 난 빽도 없고 이게 뭐야?"

"엄마, 말 좀 해봐. 나 이렇게 살아야 돼?"

달인의 어머니는 잠자코 한참 있다가 "미안하다."라고 한마디 하셨다. 나도 가족을 돕다가 신용불량자가 되었을 때, 집에 가서 비슷한 이야기를 한 적이 있다. 부끄러운 기억이다.

가수들의 책 중에 내 눈에 들어온 책은 래퍼 도끼의 책이다. 힙합 음악을 좋아하지 않는 사람도 랩퍼 도끼의 이름을 알 것이다. 힙합 문화에는 'SWAG'이라는 문화가 있다. 힙합 문화에 깔려 있는 정서를 이해 못 하면 단순한 돈 자랑이나 쓸데없는 허세로 보이기도 한다. 'SWAG'은 잘난 척하는 모습이긴 한데, 좀 구수하게 표현하자면 자수성가한 사람의 잘난 척 정도로 풀이하면 되겠다.

이는 힙합 음악이 미국 어두운 도시 뒷골목의 정서를 많이 포함하고 있어서 일 것이다. 마치 "힘든 환경에서 자랐음에도 불구하고 내가 이만큼 성공했어."라고 말하며 함께 즐기는 모습 같다. 물론 요즘은 힙합이 대중화되어서 갱스터(깡패)적인 요소가 많이 사라졌다.

알려진 바에 의하면 래퍼 도끼는 술·담배를 하지 않는 것으로 알려져 있으며, 심지어 욕도 하지 않는다. 어릴 적 부모님 사업이 망해서 컨테이너에서 산 적도 있다고 한다. 도끼의 책 『일리네어 라이프』에는 그의 꿈에 대한 어른스러운 생각이 담겨져 있다. 도끼는 '묵묵히 지켜온 내 한 가지'라는 단락에서 다음과 같이 이야기하고 있다.

"난 열두 살 때부터 힙합을 하는 사람으로서, 단 한 가지 꿈만 꾸면서 살아왔다. (중략) 모든 것에는 순서와 차례가 있는 것처럼, 내 차례가 언젠가는 올 거라고 믿었고, 대신 내 차례가 온다면 절대 놓치지 않으리라고만 다짐했다."

도끼의 책이 마음에 들었던 점은 덮어놓고 '긍정적'인 메시지를 담지 않았다. 어렸을 적부터 노예계약을 당하며 풍파를 겪어서 그런지, '전화위복'이나 '인내' 때로는 '내려놓음' 같은 메시지를 쉽지만 가볍지 않게 말하고 있다.

연예인을 넘어 문화가 된 사람이 있다면 누가 있을까? 내가 어릴 적에는 심형래, 청소년기에는 서태지, 지금은 유느님 유재석일 것이다. 나는 유느님에 관한 책을 두 권 찾았는데, 『유재석 배우기』와 『일인자 유재석』이다. 책 두 권의 공통점을 찾았는데, 둘 다 유재석이 쓴 책이 아니다. 『유재석 배우기』는 대중문화 평론가 박지종 씨가, 『일인자 유재석』은 방송작가 김영주 씨가 각각 저술하였다. 유재석 미담은 인터넷에 워낙 많아서 금세 찾아볼 수 있다. 그러나 유재석 씨도 10년이 넘는 무명시절이 있었고, 흑역사 또한 존재한다.

『일인자 유재석』이라는 책에서는 그의 젊은 시절, 지금과는 사뭇 다른 그의 마음 태도를 엿볼 수 있다.

"1991년 당시만 해도 재석은 세상에서 자신이 가장 웃기는 사람이라고 생각했다. 그렇기에 대학 개그제에서 꼴찌라고 할 수 있는 장려상을 수상했을 때 이해가 가지 않았던 것이다. 그렇기 때문에 수상하러 나가면서 귀를 후비는 건방진 행동이 나왔던 것이다."

지금은 알다시피 유재석 씨는 연예인을 넘어, 이상적인 인간형의 하나의 모델이 되었다. 그럼 유재석 씨의 가장 탁월한 능력은 무엇일까? 아마도 공감 능력일 것이다.

『유재석 배우기』라는 책에서는 유재석 씨의 공감 능력과 화술에 대해서 다음과 같이 말하고 있다.

"나는 유재석의 화술에서 가장 중요한 것이 '듣는 것'이라고 생각한다. 그는 '말하는 것'보다는 '듣는 것'을 중요하게 여긴다. 그는 상대의 말뿐만이 아니라, 상대의 표정이나 몸짓까지도 놓치지 않는다. 또 그는 잘 듣기 위해서 상대가 편히 말할 수 있도록 '추임새'를 넣고, '몸으로 반응을 보이고', '상대의 말을 따라 한다.' 상대의 말을 끌어내기 위해서 상대가 편하게 느낄 수 있는 방식의 질문을 한다."

선천적으로 감정, 느낌 등이 풍부한 사람이 있을 것이다. 본인이 최대한 누르고 살려고 해서 그렇지, 자기 자신은 분명히 알고 있다. 내가 그런 타입에 가깝기 때문에 잘 알고 있다.

연예인들은 선천적으로 타고난 끼가 있고 분명 감정, 느낌이 풍부한 사람들일 것이다. 그리고 유명세만큼이나 짊어지고 살아가는 것도, 많은 사람들일 것이다. 나는 한때 희로애락을 덜 느끼고 살면 좋겠다는 생각을 한 적도 있다.

그러나 감정을 피하려고 할수록, 감정은 더 극대화되어 가는 것 같았다. 인생에서 힘든 장면이 온다고 고개를 돌리면, 더 힘든 장면이 온다. 사람은 나이 들수록 반드시 거치는 단계가 있다는 것을 직감한다.

"인간 영혼의 목표는 그 모든 것을 체험하는 것이다. 그 모든 것이 될 수 있도록"

— 닐 도날드 월쉬, 『신과 나눈 이야기 1』

06

이제는 생각을 실현하기만 하면 된다

이 책은 독자에게 실행하기를 요구한다. 몸의 실행도 있겠지만, 마음과 생각도 실천하길 요구한다. 성공에 열망이 강한 사람들은 실행 정도로 그치지 않는다. 자기 확언에 대해 '빽빽이'를 한다. 잠재의식의 중요성을 아는 사람들은 자기암시법으로 자신의 성공에 대해 계속 주지시키기도 한다. 몸에 좋다는 건 이것저것 다 먹어보는 것처럼 책, 유튜브를 찾아가면 이것저것 다 해본다. 그런데, 우리 행동력이 기대만큼 좋아지지 않는다면 이유는 무엇일까?

이 책은 한 사람의 에너지를 한 번에 올리는 법칙에 관해 이야기하고 있다. '에너지가 좋아져야 뭘 해도 된다.'라는 이야기를 하고 있다. 그 해답을 '습관'에서 찾았다. 습관 자체의 해법을 다루는 책은 아니다. '마음과 몸을 다독이는 습관 워크북'이라고 보는 게 더 적당한 비유일지 모르겠다. 마음에 돌덩이가 있었던 사람이든, 잘하는 것을 더 잘하고 싶은 사람이든 이 책이 당신 인생에서 한걸음이 될 수 있다면 감개무량할 듯하다.

책이 거의 끝나갈 무렵 오피스텔에서 잠이 깼다. 몇 평 안 되는 공간이지만 방안 공간을 둘러보았다. 자랑하듯 읽던 책들이 흩뿌려져 있는 모습에 잠시 감상에 빠져 있었다. "아, 거의 끝나가네…." 그러나 바깥세상의 공기는 오피스텔 내의 공기만큼 느리게 흐르지 않는 듯하다.

비관적인 사람에서 긍정적인 사람으로, 인생의 법칙을 조금 알아낸 사람이 된 것 같아 기분이 들떠 있는 것이 좋기는 하다. 하지만 40대 초의 나이에 몇 달 전 정리해고를 당한 것도 사실이고, 가진 것만큼 대출금이 많은 것도 사실이다. 좋아진 에너지를 좀 더 현실적인 것들에 포커스를 맞춰야 할 때라고 생각했다. 유튜버 주언규(신사임당)의 저서 『KEEP GOING』에서 그는 직장생활에 관한 생각을 아래와 같이 밝히고 있다.

"내가 회사에서 인정받는 인재로 주요 업무를 맡아 높은 성과를 냈다면 굳이 퇴사할 필요가 없었을 것이다. 이런 사람들은 회사를 다니는 것이 더 낫다. 회사에서 더 높은 곳으로 끌어주고, 회사와 관련된 사업 기회를 얻어서 멋지게 퇴사할 수도 있다. 그러나 회사 생활에 적응하지 못하는 사람은 망설일 필요 없다. 회사 업무를 하는 것이 우울하고, 업무상

인간관계를 맺기도 너무 힘들다면 자기 사업을 하는 것이 낫다."

이 책을 시작하면서부터 작가, 유튜버, 그리고 코치로서의 인생을 살기로 마음먹었지만, 나도 직장생활을 10년 넘게 했기 때문에 처음부터 그 생각이 쉽지는 않았다. 그러나 한 가지 생각은 확실했다. "일찍 겪었을 뿐이다. 차라리 잘 됐다. 전화위복의 기회로 삼자." 내가 회사를 화끈하게 잘리지 않았으면 아마 또 다른 직장생활에 중독되었을 지도 모른다. 중요한 것은 "직장생활의 여부가 아니라, 주도적으로 사느냐 끌려다니며 사느냐."라는 것을 깨닫게 된 계기였다.

리처드 와이즈먼의 저서 『59초 : 순식간에 원하는 결과를 끌어내는 결정적 행동의 비밀』에서는 주도적 삶에 관해 다음과 같이 저술하고 있다.

"하버드대학 엘런 랭어가 수행한 연구가 있다. 요양원 환자 중 절반에게는 화초를 주면서 그것을 돌보라고 하고, 나머지 절반에게도 화초를 주면서 직원이 돌볼 것이라고 말했다. (중략) 이후 극적인 결과를 확인할 수 있었는데 화초를 돌본 사람 중 사망한 사람은 15%, 그렇지 않았던 사람 중 사망한 사람은 30%나 되었다. 교육, 직업, 건강 등 많은 분야에서 이와 비슷한 결과가 나왔다. 메시지는 명확하다. 자신의 삶을 주도적으로 살지 못한다고 생각하는 사람은 그렇지 않은 사람에 비해 실패 확률이 더 높고, 심리적, 육체적 건강도 더 나쁘다는 것이다."

나는 책을 쓰는 과정에서 어쩌다 보니 책을 약 100권 이상 사게 되었다. 물론 다 정독할 순 없었는데, 많은 책들을 사고 읽는 과정에서 얻은 것이 있다.

첫째, 책을 많이 읽다 보면 필요하거나 입맛에 꼭 맞는 책은 반드시 나타난다. 나는 습관에 관한 책들을 읽으면서 잠재의식에 관심을 두게 되었다. 잠재의식과 관련하여 처음 접한 책들은 형이상학 분야의 책이었다. 잠재의식을 다루는 책 중 '형이상학적'으로만 혹은 '영성적'으로만 설명하고 있는 책들로는 해소되지 못하는 뭔가가 있었다. 책을 찾던 중 만난 작가들이 '디펙 초프라'와 '조 디스펜자'이다.

두 작가의 공통점은 책에 명상 실행법이 자주 나온다는 것이고, 둘 다 과학자이다. 요가나 명상 이야기가 나오면 과학자로서 민감할 수 있는 '우주와의 합일'을 이야기 하지 않을 수 없는데, 둘 다 저서에서 씩씩하게 이야기를 하고 있다. 좀 더 풀어서 이야기하면 마음(뇌)이 우주에 닿는다는 이야기를 과학과 접목하여 하고 있는 것이다.

둘째, 덮어놓고 긍정적으로만 생각하는 방식에서 벗어날 수 있다. 분명히 내가 하는 고민을 먼저 하는 사람들이 있고, 나보다 먼저 고민하고 글을 쓴 작가의 책에서 읽은 내용이, 내 생각의 이론적 근거가 될 수도 있다. 책이 정답이 될 수는 없다.

하지만 덮어놓고 '긍정적'으로만 생각하는 방식에서 탈출하는 좋은 방법 중 하나이다. 나는 최근 '직장인 VS 프리랜서'라는 문제에 대해 고민을 했었는데, 『김미경의 리부트』라는 책에서 내 생각에 대한 힌트를 찾을 수 있었다.

"과거에 대학에서 4년간 전공한 지식으로 20~30년 버티던 올드러너(old learner)의 시대는 끝났다. 대학이나 대학원의 학위는 점점 기능을 잃어가고 있다. 교육 전문가들은 앞으로 대학을 포함한 학교가 티칭 센터가 아닌 러닝 센터가 될 것이라고 전망하고 있다. 가르치는 기능은 끝났으니 학생들이 스스로 공부할 수 있도록 코치 역할만 해주면 된다는 것이다. 변화의 속도가 너무 빨라서 학교에서 기껏 배우고 나면 이미 세상은 저만치 앞서 나가 있기 때문이다. (중략) 넓게 알고 빨리 연결시키는 게 중요한 융합형 학습이다. 4차 산업혁명 기술들끼리 서로 융합해 끊임없이 새로운 상품과 서비스가 나올 것이고, 그에 따라 새로운 직업이 생겨났다 사라지는 현상이 반복될 것이다."

스타 강사들의 책이 나에게 도움이 될까? 이런 생각을 해본 적 있을 것이다. 나는 한때 세계적 석학이나, 미래학자들의 책만 읽은 적이 있다. 물론 거시적 눈높이나, 사회과학 관점에서는 그 책들이나 강연도 당연히 필요하다. 그러나 나는 스타 강사들의 책을 읽고서야 알게 된 것이 있다.

그들 중에는 우리가 하고 있는 코앞의 고민을, 같이 하는 사람들이 많다는 것이다. 세계적 석학들처럼 생각이 저만치 가 있는 것이 아니라, 반 발짝, 혹은 한 발짝 앞서 생각하는 것이다.

유튜브 〈박문호TV〉의 영상 '우리의 운명을 결정하는 전전두엽'에서 박문호 박사는 다음과 같이 이야기한다.

"우리는 감정, 욕구, 기억을 끊임없이 업데이트 한다. 그럼 개념과 목표가 바뀌고, 현재 시점에서 '정답'이라고 생각되는 것을 선택한다. 행동할 것을 선택하는데 그것을 '전전두엽'이라 한다."

박문호 박사는 이어진 말에서 다음과 같이 이야기하고 있다.

"우리는 착각하고 있다. 계획이 중요한 것이 아니고, 수정이 더 중요하다."

우리는 가끔 삶을 '업데이트'할 필요가 있다고 느낄 때가 있다. 우리 삶이 길어지고, 환경변수들이 훨씬 빨리 바뀌기 때문에 업데이트의 시점도 점점 빨라지고 있다.

삶의 업데이트 도구로는 '습관', '여행', '휴식', '도전', '상처로 인한 깨달음' 등 여러 가지가 있을 것이다. 만약 상처가 업데이트의 도구라면 그 상처가 너무 깊지 않고, 길지 않기를 두 손 모아 기도한다.

우리가 삶을 바꾸어갈 때 경계해야 하는 것이 있다. 프로그램처럼 인생은 한 번에 업데이트 되지 않는다. 사실 프로그램의 업데이트도 개발자가 소스코드를 뒤져가며 한 땀 한 땀 수정하고, 준비한 결과물이다. 업데이트를 한 계기가 계획에 의한 것이든, 알 수 없는 프로그램 버그에 의한 것이든 말이다.

삶의 변화는 누구에게나 어렵다. 통찰과 혜안이 부족해 왜 변화가 어려운지까지는 쓰기가 힘들지만, 나는 그 문제에 대해 그냥 단순히 생각했을 때 유전이나 가족력이 절반이라 생각한 적이 있다. 내가 침대에 누워서 자주 써먹던 단골 메뉴여서 잘 알고 있다. 그런데 과학 때문에 이제는 이 핑계도 대기가 힘들어진 시대가 된 듯하다.

벤 린치의 저서 『유전자 클린 혁명』에서는 유전자에 대해 다음과 같이 말하고 있다.

"여러분의 유전적 운명은 마치 돌에 새겨져 절대 고칠 수도, 지울 수도 없는 비석 같은 것이 아니기 때문이다. 이보다는 클라우드에 실시간으로 저장되는 파일에 가깝다."

07

제일 좋은 습관은 좋은 생각 습관이다

책의 마지막 장까지 읽어주셔서 가슴 깊은 곳까지 감사드린다. 이 책은 일반인의 '마음의 병 셀프 탈출'이라는 주제를 표방하고 있다. 그래서 부끄럽지만 내가 겪어온 상황들을 써 내려갔고, 마음이 평화로워지는 과정에서 체득한 내용을 4-1장에서 7가지 법칙으로 제시하고 있다. 그런데 갑자기 의문이 들었다. 그럼 왜 나는 좀 더 빨리 바뀔 수 없었을까? "왜 그런 선택들을 했을까?"라고 나에게 묻는 게 아니다. 겪은 일은 그대로 겪는다는 가정 아래 "왜 좀 더 빨리 마음을 단단하게 하지 못했을까?"라는 질문을 해보았다.

"노력이 부족해서" 혹은 "의지가 부족해서"는 절반의 대답밖에 되지 않는다. 자신이 생각하는 세계에서는 누구나 열심히 살기 때문이다. 사기 치려고 하는 사람은, 사기 치는 것이 열심히 사는 것이다. 어떤 사람은 멀쩡해 보이는 마음으로 사는 것이 인생의 목표인 사람도 있다. 한때의 날 두고 하는 이야기다. 책도 읽어보고, 산책도 해보고…. 그러나 가슴속에 꿈틀거리는 그 무엇은 계속 커졌다. 불안한 마음이 잠잠할 때도 있었지만, 환경이 안 좋아지면 언제나 2배로 찾아왔다.

"왜 좀 더 빨리 마음을 단단하게 하지 못했을까?"라는 스스로의 질문에 뇌는 다음과 같은 결론을 내렸다. "에너지를 한 번에 뒤집을 수 있는 계기를 만나지 못해서…."

나는 위의 내 생각을 길게 해설해놓은 듯한 문장을 책에서 만났다. 조디스펜자의 저서 『당신이 플라시보다』의 '에너지 바꾸기' 챕터의 내용이다.

"우리 자신과 우리 삶에 대한 믿음 혹은 인식을 바꾸려면, 우리는 강력한 의도를 동반한 결심을 해서 그 선택이 뇌 속에 견고하게 깔려 있는 프로그램들과 몸속에 깃들어 있는 감정적 중독을 능가하게 만들고, 몸이 새로운 마음에 반응하게 만들어야 한다.

그 선택이 과거의 외부 경험보다 더 큰 새로운 내적 경험을 만들 때 뇌속에 신경 회로들이 다시 깔리고 몸에도 감정적으로 새로운 신호들이 보내진다. 감정을 동반한 경험은 장기 기억을 만들기 때문에 그 선택은 잊을 수 없는 기억이 되고, 그때 우리는 변한다. 그때 생물학적으로 과거는 더 이상 존재하지 않는다. 그 순간 우리의 몸은 현재에 살면서 새로운 미래에 사는 것이다."

『자존감을 찾는 21일 습관의 법칙』에 나와 있는 법칙이 여러분에게 도움이 되길 기도한다. 실습할 때 핵심이 되는 1~5법칙은 동시에 진행되어야 그 효과가 극대화된다고 말씀드렸다. 그중에서도 긍정 법칙과 운동법칙은 "마음의 병 셀프 탈출"에 있어 양대산맥이라고 생각한다. 독자님에게 이 책이 '강력한 계기'가 되었으면 하는 바람이다.

이번 장에서는 긍정법칙 중 '미소짓기'를 체득했던 과정을 설명해볼까 한다. 웃음치료사라는 자격증이 있을 정도로 이미 웃음의 효과는 많이 알려져 있다. 그러나 "웃을 일이 없는데 어떻게 웃나?"라고 생각하시는 분이 있을 것이다. 결론 먼저 말하면 웃겨서 웃는 게 아니라, 얼굴이 웃으면 뇌가 행복한 일이 있는 것으로 착각한다고 한다.

나는 웃음치유의 개념을 연세대 김주환 교수의 『회복탄력성』 책에서 처음 접하였다. 우리는 직간접적으로 웃음의 중요성은 이미 알고 있다. 하지만 웃음치유는 약간은 개념이 다르다. 의도적으로 연습하듯이 미소를 지어야 한다. 마음이 절실한 시절에 이 책을 만나, 직접 미소를 연습했기 때문에 내가 잘 알고 있다. 이 책에서 '뒤센 미소'라는 개념을 소개하고 있는데, 꼭 한번 인터넷에서 단어를 검색해보길 바란다. 이 책에서는 '뒤센 미소'에 대한 설명은 생략한다. 나는 웃음치유에 대한 체험수기 형식으로 글을 남길까 한다.

첫째, 처음엔 활짝 웃는 게 어색할 수 있다. 무조건 어설프게 시작한다. 웃음에 무슨 방법이 있나? 그냥 웃는 거다. 안 쓰던 얼굴 근육을 쓰니 어색하다. "김치~" 할 때 이를 보이게 하는 것처럼만 해도 효과가 있다. 마치 아나운서가 볼펜을 물고 있는 것처럼 하고 있으면 된다. 인터넷에 발음교정기 혹은 미소교정기라고 검색되는 제품들을 써봐도 좋을 것 같다.

둘째, 거울을 보면 무조건 웃는다. 이제는 눈도 같이 웃어주자. 사람이 없으면 소리도 좀 내면서 웃어보자. 심호흡 3회와 웃음을 연결하여 루틴으로 만들면 더 좋다.

셋째, 1초 만에 웃을 수 있게 연습한다. 웃는 습관이 잘 안 만들어지면 특훈을 한다. 예를 들면 마트에서 장을 보는 내내 "김치~" 하면서 입을 웃고 있게 한다. 마스크를 쓰는 요즘은 예쁜 미소를 만들 수 있는 최적의 기간이다.

넷째, 미소를 지으며 달리기나 산책을 같이하면 좋다. 고개를 들고 어깨를 당당히 편다. 얕은 호흡은 피하고 심호흡을 한다. 얼굴은 미소를 짓는다. 귀는 긍정적인 음악을 듣거나, E-book을 듣는다.

2주 정도만 꾸준히 하면 자신의 눈빛이 변한다는 것을 알 수 있을 것이다. 이후는 유지만 하면 된다. 이미 웃는 것이 습관이 되었기 때문에, 빠르게는 1개월이면 관상까지 변하는 게 느껴질 것이다. 혹은 어린 시절의 천진난만한 미소를 되찾게 될지도 모르니 기대해도 좋다. 운동할 때 근육의 변화를 확인하기 위해 몸 사진을 매일 찍는 사람이 있다. 마찬가지로 매일 미소 짓는 모습을 찍다 보면 자신의 변화를 더 빨리 감지하게 된다.

나는 미소 짓기를 이빨 닦기와 연결하기도 하였다. 부끄럽게도 나는 의지력이 바닥일 때 이빨을 대충 닦는 날이 많았다. 그 대가로 치과 치료를 앞두고 있다. 웃으면서 올바른 양치질을 해보길 권장한다. 귀찮음과 지루함이 사라지고, 이빨을 바르게 닦는 습관이 만들어진다. 마치 아이를 가르치듯 본인을 다시 가르치면 된다.

매캐한 냄새가 나는 석유화학단지에 외근 다닐 때의 이야기를 해볼까 한다. 석유화학단지 같은 곳은 도심과 멀리 떨어져 있기 때문에 주거 구역에서 최소 1시간 정도를 가야 한다. 매일 그 거리를 무표정한 얼굴로 차를 몰았다.

삭막한 공장지대만 다녀서 그런 것인지, 힘든 생활이 이어지다가 생활이 좀 편해져서 그런 것인지, 어느 날 문득 "왜 살까?"라는 개똥철학 같은 생각이 떠올랐다. 내 뇌는 "왜 살까?"라는 다소 철학적 질문에 몇 주 후 이렇게 대답했다. "그냥."

그로부터 약 5년 동안 이름난 기업에 다니면서 작은 성공도 맛보고, 정리해고를 당하며 실패감도 맛보았다. 그러나 사회적인 나로서의 모습은 둘째여야 했다. 내가 평범한 일에도 힘들다고 느꼈던 이유는, 아마도 마음 깊은 곳에 있는 불안, 자책, 신경증 때문일 것이다. 그렇게 마음이 힘들다고 느끼면 다시 침대에 갇히기 일쑤였다. 마음이 힘든 주기는 짧아도 며칠, 몇 주, 몇 개월…. 그리고는 주기적으로 계속 찾아왔다. 청소년기 때부터라고 치면 25년 정도 마음이 힘든 삶을 살았다고 생각한다.

기후변화가 심해져도, 주식폭락이 와도, 집값이 떨어져도, 고시원이 싫어도, 지하방에 습기가 차도, 몸이 아파도, 주변에 좋지 않은 일이 있어도 우리는 존재 그 자체로 아름답다.

"방법은 모르지만 이렇게 살고 싶지 않다."라는 생각이 절실한 어느 날 다시 책을 만났고, 어떤 강한 생각에 이끌려 '그냥' 습관과 마음에 관한 책들을 읽고 실습했다.

그래, '그냥' 해보는 건 어떨까?

나는 이 책에서 자신에 대한 확신의 중요성을 몇 차례 이야기했다.

우리가 인생에서 바닥을 경험하지 않아도,

인생에서 극적인 사건을 만나지 않아도,

사랑받지 않고 자랐다고 생각돼도,

불운만 따른다고 느껴져서 행동을 멈추기로 마음먹었더라도,

마치 우주에 혼자 떨어져 있는 것처럼 느껴지더라도

우리는 변화할 수 있다고 믿는다. 에밀 쿠에의 말처럼 말이다.

"나는 모든 면에서 날마다 더 나아지고 있다."

"Day by day, in every way, I am getting better and better."

나아진 김에 닭이나 한 마리 뜯으러 가시죠!

당신이 웃었다면 성공이다!

나를 바꾸는 다이어그램

1. 김 대리의 이틀 생활 계획표

어제

05:00-05:30 기상 & 자유시간
05:30-06:00 아침식사
  아침식사는 아침시간의
  중요성을 깨닫기 위한 핵심 습관이다.
06:00-07:00 세면, 헬스장 도착
07:00-08:00 운동
  아침운동
  1일1운동을 목표로 한다
08:00-09:00 출근
  아침시간활용
  아침운동을 하게되면,
  아침출근도 빨라진다.
09:00-18:00 업무
18:00-20:00 야근 및 퇴근
22:00-23:00 취침
  가변성에 대응
  야근, 회식
  돌발 스케줄
  ※ 약속을 잡기위해 나에게
  대던 핑계를 다른 사람에 대자

오늘

07:30-09:00 아침식사 & 출근
  변화에 대해 탄력적으로 대응한다
09:00-18:00 업무
  의식적으로 긍정 트레이닝
  미소짓기, 자세바로잡기, 심호흡하기
18:00-22:00 야근 및 퇴근
  배고픔과 술생각을 헷갈리지 말것
  갑자기 약속을 잡지 말것
  저녁회복운동
  전날 저녁 돌발상황으로 아침운동을 못하면
  저녁운동으로 스케줄을 변경한다
  1일1운동을 목표로 한다
22:00-23:00 취침

2. 마음의 병 셀프 탈출

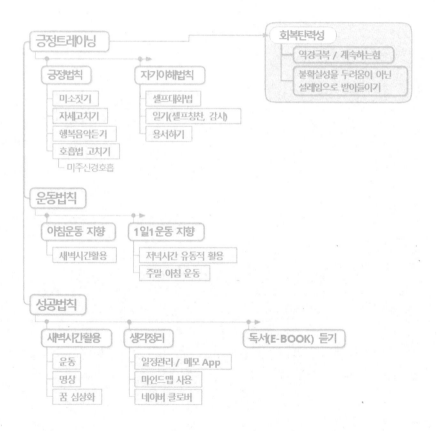